Johannes Lebitsch

KLAGENFURT

Johannes Lebitsch

Klagenfurt

Eine bemerkenswerte Stadt
in alten Ansichten

VERLAG johannes
heyn

Der Reinerlös dieses Werks kommt dem Verein „Nostalgiebahnen in Kärnten"
zum Ausbau des „Technischen Archivs Österreich" und der Fahrzeugerhaltung zugute.

© Verlag Johannes Heyn, Klagenfurt/Celovec 2018
Layout: Grimschitz, Klagenfurt
Druck & Herstellung: Christian Theiss GmbH, St. Stefan i. Lavanttal
Printed in Austria
ISBN 978-3-7084-0626-8

Inhalt

Johannes Lebitsch

... geboren 1963 in Klagenfurt, beschäftigt sich seit 2011 mit der Geschichte der Landeshauptstadt und des Wörthersees. Seit 2014 ist er einer der Administratoren der Facebook-Gruppe „Alte Ansichten von Klagenfurt am Wörthersee", die 2018 über 8.000 Mitglieder und rund 9.000 historische Aufnahmen verzeichnet. Seit 2015 hält er vielbeachtete Vorträge über ausgesuchte Themen der Stadtgeschichte. Johannes Lebitsch war 2016 und 2017 federführend an den Projekten „Zeitreise" und „Zeitreise – Klagenfurter Köpfe" der Innenstadtkaufleute Klagenfurts beteiligt.

Vorwort

Ein Buch mit historischen Ansichten einer Stadt zu verfassen bedarf der Mithilfe vieler Personen, die in der Lage sind, etwas dazu beitragen zu können: Fachwissen, eigene Erinnerungen, aber vor allem Fotomaterial aus längst vergangenen Tagen.

Dies alles tun die Mitglieder der „Alte Ansichten von Klagenfurt am Wörthersee", einer Facebook-Gruppe, die sich seit 2014 der Sammlung historischer Aufnahmen widmet.

Ganz bewusst wurde auf die Quellenangabe bei den einzelnen Fotos verzichtet, da ein großer Teil aus privaten Sammlungen stammt und der eigentliche Fotograf bzw. Urheber nicht mehr ermittelt werden kann. Mein Dank gilt daher in erster Linie den privaten und staatlichen Sammlungen, die Bilder für dieses Werk beigesteuert haben.

Landesarchiv Kärnten (Sammlung Hudelist), das folgende Bilder zur Verfügung gestellt hat: Seiten 16–20, 54–66, 74–76, 118–122, 124–127, 129, 140, 146–149, 160, 163, 185–197, 226–233, 237, 238, 243, 244

Alle anderen Bilder stammen aus Privatsammlungen. Dafür danke ich
Herrn Egon Glaboniat
Herrn Daniel Klampfer
Frau Dr. Walburga Litschauer
Herrn Ing. Hansgeorg Prix
Herrn Erich Rainer
Herrn Rüdiger Scheriau

Mein besonderer Dank gilt auch Herrn Dr. Wilhelm Deuer, Landesarchivar i. R., der nicht nur die historische Einbegleitung verfasst hat, sondern mir auch viele wertvolle Ratschläge gegeben hat.

Meinem Vater gewidmet,
Johannes Lebitsch

Klagenfurt, Oktober 2018

Klagenfurt – eine Stadtgeschichte im Überblick

Von Wilhelm D e u e r

Klagenfurt ist anders! Zumindest weist die Entwicklung der Kärntner Landeshauptstadt gegenüber jenen der anderen österreichischen Bundesländer mehrere Besonderheiten auf: Verhältnismäßig spät erfolgte eine Gründung als Markt der Kärntner Herzöge aus dem Geschlecht der Spanheimer in der zweiten Hälfte des 12. Jahrhunderts. Der erste Gründungsversuch ging sogar schief: Die Anlage des Straßenmarktes an der Glan am Fuße des Spitalberges – etwa auf der Höhe des Landeskrankenhauses – musste wegen häufiger Überschwemmungen bald wieder aufgegeben werden; heute erinnert nichts mehr daran. Der zweite Versuch war erfolgreicher: Herzog Bernhard ließ den Markt um die Mitte des 13. Jahrhunderts auf eine Schotterinsel etwa eineinhalb Kilometer südlich der ersten Gründung übertragen. Der Wunsch, diese neue Siedlung, die bald darauf Stadtrechte erlangte, durch eine Wasserstraße mit dem nahen Wörthersee zu verbinden, scheiterte aber am Widerspruch des Abtes von Viktring, der sich in seinen Rechten beschränkt sah. Das mittelalterliche Klagenfurt war bescheiden, entwickelte sich um einen verbreiterten Straßenmarkt (heute Alter Platz) und die leicht schräg kreuzende Transitstraße von St. Veit über den Loibl (Wiener Gasse und Kramergasse); an der Südwestecke befand sich eine kleine landesfürstliche Burganlage.

Der Name „Chlagenuurt" gibt noch heute Rätsel auf. Naheliegend ist der Gedanke an eine „Furt über die Glan", allein die Sprachwissenschafter lehnen diese Deutung ab und schlagen stattdessen eine „Furt der Klage" vor, womit die gefährdete Lage des Ortes inmitten von Sümpfen zum Ausdruck kommen sollte. Im 1287 erstmals überlieferten Stadtwappen mit dem Lindwurm, das mit dem Fund eines Wollnashornschädels in der Lindgrube am Zollfeld in Zusammenhang gebracht wird, hat diese Klage auch eine bis heute als Wahrzeichen nachwirkende Symbolfigur erhalten.

Die Stadt war durch das gesamte Mittelalter überaus klein und bescheiden: Eine erste Marienkirche, die später das Patronat des heiligen Ägydius übernahm, blieb bis ins 17. Jahrhundert

Vikariat des Kollegiatkapitels Maria Saal, ein Bürgerspital zum Heiligen Geist wurde westlich außerhalb der Stadtmauern errichtet, und es gab bis zur Neuzeit keine städtische Klostergründung. Klagenfurt stand im Schatten des herzoglichen Vorortes St. Veit und auch seiner zweitwichtigsten Stadt Völkermarkt. Auch die geistlichen Hauptorte Friesach, im Mittelalter gleichsam eine Nebenresidenz des Salzburger Erzbischofs, Villach, der Kärntner Handels- und Verkehrsknoten schlechthin, und Wolfsberg, seit dem 14. Jahrhundert Hauptort der bambergischen Verwaltung in Kärnten, übertrafen Klagenfurt an politischer, wirtschaftlicher und kultureller Bedeutung.

Dementsprechend unauffällig stellt sich die Klagenfurter Stadtgeschichte bis ins frühe 16. Jahrhundert dar. Doch das gesamte Land war seit dem Spätmittelalter ins politische Abseits geraten: Seit dem Amtsantritt der Habsburger als Kärntner Herzöge 1335 hatte kein Landesfürst mehr in Kärnten dauerhaft residiert, eine Hofhaltung wie in der Residenzstadt Wien oder in den Zentralorten der zeitweiligen habsburgischen Länderteilungen Graz und Innsbruck fehlte gänzlich. Parallel dazu stiegen die Landstände, die Gesamtheit des grundbesitzenden Adels und der hohen Geistlichkeit, seit dem 15. Jahrhundert als Partner und Konkurrenten des Landesfürsten in ihrer Bedeutung auf. Es liegt nahe, dass die Landstände den Mangel einer landesfürstlichen Residenz zu kompensieren suchten. Ein Bauern- und Knappenaufstand mit einem Zentrum in Althofen, bei der die bisherige landesfürstliche Hauptstadt St. Veit landständischen Truppen den Durchzug verwehrte, bot den Anlass für ein bemerkenswertes Experiment: Am 24. April 1518 überreichte der bereits von schwerer Krankheit und ständiger Geldknappheit geplagte Kaiser Maximilian I. einer Delegation der Stände den sogenannten „Gabbrief", mit dem er seine Stadt Klagenfurt den Kärntner Ständen schenkte. Seine Hauptsorge, die durch einen Brand überdies in Mitleidenschaft gezogene Stadt nach modernen Erkenntnissen befestigen zu müssen, deckte sich angesichts der Türkengefahr auch mit dem Willen der Landstände zu einem neuen Zentrum ständischer Repräsentation.

Die Bürger verloren zunächst alle bisherigen landesfürstlichen Privilegien und widersetzten sich – allerdings erfolglos – dem Besitzwechsel. Die Landstände setzten aus ihren Reihen einen Burggrafen als höchsten Funktionär zur Aufsicht und militärischen Befehlshaber der Stadt ein. Zweifelsohne befördert durch die erste Wiener Türkenbelagerung 1529 und den verheerenden osmanischen Einfall in die Oststeiermark drei Jahre später ließen die neuen Herren zunächst auf ein neu ausgestecktes verschobenes Quadrat von etwa 750 Meter Seitenlänge ein „Stadtgepew" nach venezianischem Vorbild mit Graben, Wall, Basteien und vier Toren in jeder Seitenmitte setzen. Schon 1527 hatte man mit der Aushebung des Lendkanals begonnen, mit welchem die Stadt mit Bau- und Heizmaterial sowie Lebensmitteln aus dem Hinterland des Wörthersees versorgt werden sollte. Während dieser Bautätigkeit setzten sich italienische Bauhandwerker gegenüber den einheimischen durch und mit ihnen die Stilformen der oberitalienischen Renaissance. Ab den Sechzigerjahren war die Befestigung bis auf die repräsentative Ausstattung der Stadttore abgeschlossen. Nunmehr erfolgte die Ausmittlung der Straßen und Plätze im Inneren: Um den eindrucksvollen längsrechteckigen Neuen Platz, der im Schnittpunkt der Achsen angelegt wurde, repräsentativen Zwecken dienen sollte und zunächst adeligen Bauherren vorbehalten war, erfolgte die Bebauung rechtwinkelig im Rastersystem. Der ovale und unregelmäßige Bereich des mittelalterlichen landständischen Klagenfurt wurde in den nördlichen Abschnitt des neuen Renaissancegevierts integriert. Vor allem in den Siebziger- und Achtzigerjahren füllte sich die Stadt mit Bürgerhäusern, aber auch immer mehr adeligen und geistlichen Freihäusern. Den Höhepunkt der Ständemacht bildete ab 1574 der Bau des Landhauses. Parallel dazu entstand um die Stadt ein Schlösserkranz teils durch Umbauten mittelalterlicher Türme oder Burgen (Hallegg, Tentschach, Sandhof), teils durch völlige Neubauten auf „grünem Wasen" (Ebenthal, Welzenegg, Mageregg oder Annabichl). All das waren Begleitmaßnahmen der neuen „ständischen Residenz und Hauptstadt".

Seit den Dreißigerjahren des 16. Jahrhunderts hatte Luthers Lehre auch in Klagenfurt Fuß gefasst, doch erst 1563 ist eine „deutsche Möss" nachgewiesen. An der Heiligengeistkirche wirkte ein Prädikant der „windischen" (= slowenischen) Sprache. Landesfürstliche Zugeständnisse in Religionsfragen bewirkten seit den Siebzigerjahren eine Blüte der protestantischen Kultur, die mit der Errichtung der ständischen Predigerkirche in der Mittelachse eines neuen geräumigen Bürgerspitals einen demonstrativen baulichen Niederschlag fand. Die Reformation setzte auch auf Bildung: Ab 1586 wurde das „Collegium sapientiae et pietatis" als höhere Lateinschule errichtet und mit renommierten Lehrern versehen. Zusätzlich betrieben die Stände in ihrer neuen Hauptstadt von 1529 bis 1622 eine eigene Münzstätte.

Ab 1600 setzte jedoch unerbittlich die Gegenreformation ein, der vier Jahre später die Ansiedlung von Jesuiten im Bürgerspital und schließlich 1628/29 die Ausweisung aller Protestanten folgte. Viele gingen ins württembergische oder Nürnberger Exil. Klagenfurt erlitt dadurch einen wirtschaftlichen und kulturellen Aderlass, der erst ab der Mitte des 17. Jahrhunderts durch eine neue katholische Führerschicht, etwa der (Orsini-)Rosenberg, wieder kompensiert wurde. Die folgende verstärkte Bautätigkeit stand jedoch nicht im Zeichen des italienischen Barock, sondern blieb weiterhin dem lokalen Manierismus verpflichtet. Die zunächst verhassten Jesuiten vermochten allmählich als Betreiber eines Gymnasiums durch gezielte Maßnahmen (pompöse Inszenierungen von Theater und Messen) die Volksfrömmigkeit in ihre Richtung zu wenden – sie brachten allmählich barocken Glanz in die Stadt. Dafür blieb die Ständeschule geschlossen – ihre Räumlichkeiten bezog der ständische Burggraf, daher hinkünftig Burg genannt –, später konnten auch hohe landesfürstliche Besuche hier untergebracht werden.

Doch die „ständische Residenz" verlor durch den wachsenden landesfürstlichen Absolutismus zunehmend an Glanz. Als 1619 der bisherige Erzherzog Ferdinand als Kaiser nach Wien zog und mit ihm der innerösterreichische Hof, vergrößerte sich die Distanz zur Residenz weiter. Wer politische Karriere machen wollte, musste „die Hofsuppe löffeln" und Kärnten verlassen. Die kostspielige Türkenabwehr, der Rückgang des im Spätmittelalter so wichtigen Kärntner Edel- und Buntmetallbergbaues, aber auch des Transithandels entlang des „Schrägen Durchgangs" brachten neben der politischen Randlage auch eine wirtschaftliche Provinzialisierung Kärntens mit sich – worunter auch seine Hauptstadt litt.

Das Barock hielt späten und verhaltenen Einzug in Klagenfurt (etwa mit der Schutzengelkirche nordöstlich der Stadtbefestigung, die allerdings abgerissen wurde). Erst der Stadtbrand von 1723 öffnete gleichsam die Schleusen – beim Wiederaufbau entstanden zahlreiche barocke Fassaden und Stuckdecken im Inneren, den Höhepunkt bildete die Innenumgestaltung des Landhauses durch die Fresken des Josef Ferdinand Fromiller ab 1740. Die Wappen und historischen Szenen aber waren großteils historische Anspielungen und konnten nicht darüber hinwegtäuschen, dass die Ständemacht vergangen war. Den Höhepunkt der barocken Kultur in Klagenfurt bildeten die beiden Erbhuldigungen Kaiser Leopolds I. 1660 (in einem illustrierten Druckwerk überliefert) und seines Sohnes Karl VI. 1728 (im Deckenbild des Großen Wappensaales detailreich dargestellt).

Schon unter Maria Theresia (1740–80) folgte die Ernüchterung: Sie führte konsequent die Entmachtung des ständischen Regiments durch, was zur Abschaffung des Landeshauptmannes, Landesverwesers, des Burggrafen und Vizedoms (landesfürstlichen Güterverwalters) führte. Stattdessen stärkte sie die landesfürstliche Zentralverwaltung und führte Mittel- und Unterbehörden wie das Kreisamt ein. Die starken Eingriffe in Bildung (Schulpflicht) und Religion beeinflussten das Kultur- und Kunstschaffen nachhaltig. Immerhin wählte ihre Tochter Maria Anna den auf Spenden angewiesenen Klagenfurter Elisabethinenkonvent als dauerhaften Residenzort, wofür der kaiserliche Hofarchitekt Nicolas Pacassi ein Palais plante. Sie selbst war bald Mittelpunkt eines schöngeistigen, aufgeklärten Personenkreises.

Der Höhepunkt der staatlichen Intervention in die traditionellen Freiheiten des Landes erfolgte allerdings unter Josef II. ab 1780: Kärnten wurde politisch völlig dem innerösterreichischen Gubernium in Graz unterstellt, womit Klagenfurt gleichsam von einer Landeshauptstadt zu einem mittleren Verwaltungszentrum degradiert war. Den Gurker Bischof zitierte der Kaiser 1787 von seiner gerade erst errichteten neuen Residenz Pöckstein dauerhaft nach Klagenfurt, wo er nach dem Tod Erzherzogin Maria Annas ihr bisheriges Palais bezog, in welchem die Bischöfe bis zum heutigen Tage amtieren. Bereits die Aufhebung des Jesuitenordens hatte seit 1773 in Klagenfurt vor allem durch den Verlust des Gymnasiums eine Lücke hinterlassen, noch schlimmer wirkte sich die Aufhebung des reichen Klosters Viktring im Jahre 1786 aus. Immerhin wandelten die aus der Carnia stammenden Gebrüder Moro die Konventräume erfolgreich in eine Tuchfabrik um. 1765 hatte Johann Michael von Herbert an der Nordwestecke der Stadt eine Bleiweißfabrik und sechs Jahre später Jan Thys eine Tuchfabrik angesiedelt, doch blieb die Epoche eine der verordneten staatlichen Sparsamkeit.

Die ganz Europa verändernden Franzosenkriege brachten den Habsburgischen Ländern Krieg und Staatsbankrott, Klagenfurt neben mehrmaliger Besatzung (inklusive Aufenthalt Napoleon Bonapartes) und Zwangsrequirierungen auch die gewaltsame und rücksichtslose Sprengung der manieristischen Stadtbefestigung. Die Restaurierung der politischen Ordnung durch den Wiener Kongress 1814/15 hinterließ ein verarmtes, politisch bevormundetes Land. Während andere mitteleuropäische Städte am Übergang zur bürgerlichen Gesellschaft den Abbruch ihrer neuzeitlichen Befestigungsanlagen (Wälle, Basteien und Gräben) und an deren Stelle die Anlage von

Straßen, Parks oder Repräsentationsbauten im Regelfalle geordnet in Angriff nehmen konnten – das wohl bedeutendste Beispiel ist die Wiener Ringstraße, die Kaiser Franz Joseph mit Handschreiben vom 25. Dezember 1857 in Auftrag gab –, wies Klagenfurt ein entscheidendes Handikap auf: Nach dem Friedensschluss von Schönbrunn wurde die Klagenfurter Stadtbefestigung, der Stolz der Ständischen Residenz und Hauptstadt des 16. Jahrhunderts, von den französischen Besatzern vor ihrem Abzug im Winter 1809/10 gesprengt, und zwar derart rücksichtslos, dass nicht nur enorme materielle Schäden, sondern auch mehrere Todesopfer zu beklagen waren und zum Beispiel die Schutzengelkirche zerstört wurde. Nach den enormen Kontributionszahlungen an die Besatzer, dem Staatsbankrott von 1811 und der allgemeinen trostlosen Wirtschaftslage in der Provinz bot die Stadt längere Zeit eine Ruinenlandschaft. Andererseits hatte Klagenfurt seit der Neukonzeption als Renaissancestadt immer verhältnismäßig großzügige Grünflächen aufzuweisen gehabt, da die Stadterweiterung des 16. Jahrhunderts sehr optimistisch geplant war.

Das in der österreichischen Kulturgeschichte gerne verklärte Biedermeier (1815–1848) war in Kärnten eine Zeit bitterer Armut und Rückständigkeit, ohne Mitsprache der Bevölkerung in allen Fragen der Politik und Wirtschaft. Erst seit den Dreißigerjahren setzte ein vor allem von Friauler Handwerkern getragener Bauboom ein, der in Klagenfurt mit der Bebauung der Umgebung der gesprengten Festung eine besondere Aufgabe erhielt. Doch für künstlerische Betätigung fehlten weitgehend die Mittel, und die damals einsetzende Abwanderung talentierter Kräfte in Kultur, Kunst und Wissenschaft ist bis zum heutigen Tage ein Problem geblieben.

Eine völlig geänderte politische Ausgangslage brachten die Reformen nach 1848 mit sich: Kärnten wurde wieder ein eigenes Kronland, Klagenfurt erhielt bereits 1850 ein eigenes Statut und profitierte in der Folge enorm vom Aufstieg der neuen bürgerlichen Gesellschaft. Allein zwischen 1872 und 1918 stieg die Bevölkerungszahl von 15.285 auf 28.911! Die Landeshauptstadt sollte zur Spielwiese des neuen bürgerlichen Repräsentationsbedürfnisses werden, sei es im Bereich Gesundheit und Soziales (das neue Landeskrankenhaus in zeitgemäßer Pavillonform), Schule und Bildung (die Benediktiner-, Hasner- und Westschule, das Staatsgymnasium, die Realschule, Staatsgewerbeschule und die Lehrerbildungsanstalt), Kultur (das Landesmuseum „Rudolfinum", die „Musiksäle", heute Konzerthaus, und das aus Anlass des 60-jährigen Thronjubiläums Kaiser Franz Josephs errichtete Stadttheater) oder Wirtschaft (Sparkassengebäude im Osten des Alten

Platzes). Der St.-Hermagoras-Verein/Mohorjeva društva und der St.-Josefs-Verein ließen sich an den neuen Ringstraßen selbstbewusste Neubauten errichten. Mit der staatlichen Neuordnung der Gemeindeagenden durch das Reichsgemeindegesetz 1862 und dem Vertrag, der 1868 endlich den ständischen Besitz der Stadt Klagenfurt übertrug, herrschte endlich auch Rechtssicherheit für die Stadt und potentielle Bauwerber.

Die Verwaltung brauchte Platz, das Bürgertum als eigentlicher Gewinner der Reformen – weil der Adel endgültig seine Vorrechte verloren hatte – verwirklichte schrittweise seine Ideale einer neuen Gesellschaft: In Klagenfurt wurde der Stadtgraben eingeebnet und stattdessen die Ringstraßen angelegt sowie teilweise „parkisiert", dazu wurden die Grünanlagen am Kreuzbergl als Naherholungsbereich mit dem Schweizerhaus als gastronomische Attraktion geschaffen. Ein Gradmesser der neuen bürgerlichen Kultur waren Denkmäler, die neu aufgestellt (Kaiser Franz Joseph, Friedrich Schiller, Graf Enzenberg) oder den geänderten Wertvorstellungen gemäß erneuert wurden (Maria Theresia). Auch die Straßennamen wurden zunehmend Teil der bürgerlichen Selbstdarstellung und zuweilen auch ideologisch instrumentalisiert (Bismarck-Ring). Mit der Strecke Marburg (Maribor) – Klagenfurt bekam Kärnten etwas verspätet seine erste Eisenbahnverbindung, die auch dem Seetourismus bald wichtigste Impulse geben sollte. Die in den Nordosten der alten Stadtbefestigung eingefügten Bauten der Lederfabrik Neuner sind erst vor einigen Jahren durch das Geschäftsgebäude der City-Arkaden ersetzt worden. Im Stadtzentrum wurden Geschäfts-, Miet- und Zinshäuser errichtet – alles in Formen des Historismus, der Nachahmung historischer Stile. Am Stadtrand, vor allem gegen den See zu, der eine immer größere Rolle für den städtischen Tourismus spielen sollte, und am Kreuzbergl, entstanden Villenkolonien. 1891 erhielt die Stadt eine Pferdestraßenbahn vom Hauptbahnhof über den Heiligengeistplatz bis zum Wörthersee, die 1911 auf elektrischen Betrieb umgestellt wurde. Diese „Gründerzeit" sollte, unterbrochen durch den Börsenkrach von 1873, bis zum Ersten Weltkrieg dauern und Klagenfurt in eine bürgerliche Gewerbe-, Dienstleistungs-, und Schulstadt verwandeln. Südlich der Eisenbahn erwuchs in St. Ruprecht eine rechtlich von Klagenfurt unabhängige Arbeitergemeinde, die 1920 für wenige Jahre zur Stadt aufstieg.

Diese gründerzeitliche Blüte – die in der Bildpostkarte eine neue wirkungsvolle Ausdrucksform fand – endete 1914 abrupt; das von Franz Baumgartner geplante Künstlerhaus verkörpert gleichsam ihren Abschluss. Zum Zerfall der Habsburgermonarchie und den damit verbundenen politischen und wirtschaftlichen Problemen gesellten sich die Gebietsansprüche des neu gegründeten Nachbarstaates SHS (Jugoslawien), der die gemischtsprachigen Teile Kärntens beanspruchte, einmarschierte und dabei auch die Landeshauptstadt vom 6. Juni bis 30. Juli 1919 besetzte. Immerhin wurde den besetzten Gebieten eine Volksabstimmung unter internationaler Aufsicht zuerkannt, die am 10. Oktober 1920 stattfand und eine deutliche Mehrheit für Österreich erbrachte – eines der wenigen Beispiele ausgeübten Selbstbestimmungsrechtes in Europa! Inflation und politisches Lagerdenken trübten die Zwischenkriegszeit, in welcher in Klagenfurt 1924 das erste Arbeiterkammergebäude Österreichs und vier Jahre später das größte Strandbad Mitteleuropas eröffnet werden konnten. Der kleinstädtische Charakter verhinderte, dass die Wohnungsnot derartige Ausmaße wie etwa in Wien erreichen konnte. Dass einer der wenigen radikalen Wohnbauten der Landeshauptstadt, das von Siegmund Schiffler geplante „dreadnought" am Beginn der Koschatstraße, nicht als Arbeiterwohnhaus, sondern für Beamte der Kärntner Sparkasse entstand (1930), zeigt die besondere Sozialstruktur in Klagenfurt.

Nach dem Anschluss an NS-Deutschland wurde mit 1. Jänner 1939 zunächst die Großgemeinde Klagenfurt geschaffen, welche die Arbeiterstadt St. Ruprecht sowie die bisherigen Gemeinden Annabichl, St. Martin und St. Peter schluckte und erstmals das Ufer des Wörthersees erreichte. Doch die Vereinigung mit dem Deutschen Reich brachte Krieg, Juden- und Slowenendeportationen, dann Bomben und Zerstörung. Schon während der englischen Besatzungszeit setzte der Wiederaufbau ein, der im Zeichen sozialer Reformen stand und für den die „roten Türme" bezeichnend wurden (Kempfstraße, Rothauerhochhaus, Sternhäuser). 1957 wurde das Bundesgymnasium für Slowenen eröffnet, 1970 die Hochschule für Bildungswissenschaften (heute Alpen-Adria-Universität) gegründet. Mit der Gebietserweiterung durch die Gemeindestruktur-Reform 1973 wuchs das Stadtgebiet wieder beträchtlich um die ehemaligen Gemeinden Wölfnitz, Hörtendorf und Viktring auf etwa 120 Quadratkilometer. Mit der Eröffnung der Modellanlage Minimundus 1958 und der ersten Fußgängerzone Österreichs im Stadtzentrum (Kramergasse – Wiener Gasse) drei Jahre später setzte Klagenfurt auf verschiedenen Gebieten neue Standards. Kulturelle Meilensteine bildeten der Ingeborg-Bachmann-Preis oder das Robert-Musil-Institut. Probleme zeigten sich bei der Lösung des Straßenverkehrs, etwa im

Scheitern einer Autobahnunterführung durch das Stadtzentrum – die Alternative der Umfahrung wurde unverhältnismäßig lange verzögert.

Mittlerweile hat Klagenfurt die 100.000-Einwohner-Marke und damit die Schwelle zur Großstadt überschritten. Die Stadt punktet mit hoher Lebensqualität und einem guten Mix aus Wirtschaft, Kultur, Gewerbe, Industrie und Tourismus. Sie bietet die unerlässlichen Infrastrukturen einer Landeshauptstadt, leidet zuweilen aber unter ärgerlichen Entscheidungsschwächen, wenn nicht -fehlern der Politik. Hier muss die verspätete Umfahrung ebenso angeführt werden wie das viel zu große Stadion. Seit 2007 darf die Stadt sich „Klagenfurt am Wörthersee" nennen, um im europäischen Kontext endlich richtig und unmissverständlich verortet zu werden. Aber Hand aufs Herz: Zu leben, wohin andere auf Urlaub fahren, ist doch keine schlechte Option!

Literaturauswahl:

Klagenfurt, bearbeitet von Evelyne Webernig (Österreichischer Städteatlas 4. Lieferung Teil 1), Wien 1991.

Wilhelm Deuer (Red.), 800 Jahre Klagenfurt. Festschrift zum Jubiläum der ersten urkundlichen Nennung (Archiv für vaterländische Geschichte und Topographie 77), Klagenfurt 1996.

Dieter Jandl, Klagenfurt am Wörthersee. Von der Siedlung an der Furt zur Wissensstadt, 8. Auflage Klagenfurt 2015.

Auf Annabichl zu

Die Gräber des „ungeweihten" Friedhofes zu Terndorf bei Klagenfurt
am Tage Aller-Heiligen 1901

Verlag v. J. & R. Bertschinger, Klagenfurt.

Über mehrere Jahre zog sich Anfang des 20. Jahrhunderts der Streit zwischen der Stadt Klagenfurt und der katholischen Kirche um den neuen Friedhof in Annabichl. Der Bischof von Gurk verweigerte die Segnung des neuen Zentralfriedhofs, da die Stadt keine „Abteilungen nach dem Glauben" mehr einrichten wollte. Da der Friedhof von St. Ruprecht komplett überfüllt war, fanden die ersten Bestattungen zu Allerheiligen 1901 noch in „ungeweihter Erde" statt.

KLAGENFURT Heuplatz

Verlag M. Neumann, Klagenfurt.

Viele Jahrzehnte lang dominierte das Hotel Kaiser von Österreich den Heuplatz im Norden der Stadt.
Von hier aus gingen bis in die späten 1860er Jahre die Postkutschen nach Wien, Marburg und Laibach ab.
Die Statue des heiligen Florian in der Mitte des Platzes erinnert an ein Schadfeuer, das die Innenstadt bedrohte
und genau an dieser Stelle zum Stillstand gekommen war.

Bevor das neue Landesgerichtsgebäude in der Dobernig-Gasse errichtet wurde, befanden sich die Räume dieses Gerichts am Heuplatz im Gebäude der heutigen Staatsanwaltschaft. Viele wichtige Prozesse wurden hier abgehalten, so auch das Verfahren gegen die Giftmörderin Katharina Ossoinig, die als eine der letzten Frauen in der Monarchie 1866 in Klagenfurt gehenkt wurde.

Kaiser Franz Josef war öfters in Klagenfurt zu Gast. Einmal galt sein Besuch auch der Besichtigung der neuen „Landes-Wohltätigkeitsanstalten" (dem späteren Landeskrankenhaus bzw. dem heutigen Klinikum). Der Monarch reiste mit dem Hofzug an, fuhr in einer Kutsche zum Verwaltungsgebäude und wurde dort von den Honoratioren der Stadt, angeführt von Landeshauptmann Graf Zeno Goëss (links neben dem Monarchen), begrüßt.

KLAGENFURT. Küche in den Landeswohltätigkeitsanstalten.

Besonders stolz war man um 1900 auf die moderne Großküche, die alle Patienten und Mitarbeiter der „Landes-Wohltätigkeitsanstalten" mit Essen versorgte. Wie zur damaligen Zeit üblich wurden sogar spezielle Werbepostkarten mit Fotos der Mitarbeiter aufgelegt, um für diese Einrichtung gebührende Werbung zu machen.

Beschaulich ging es in den späten 1950er Jahren auf der heute viel befahrenen Kreuzung St. Veiter Straße und St. Veiter Ring zu. Noch verkehrt die Tramway nach Annabichl, noch sind viele Straßen der Stadt nicht asphaltiert, sondern mit Pflastersteinen befestigt. Das Eckhaus rechts musste längst dem Ausbau des Rings weichen und anstelle einer einfachen „Vorrang geben"-Tafel regelt heute eine Ampel den Verkehr an der Kreuzung.

Großteils Geschichte ist auch diese Häuserzeile an der Ostseite der St. Veiter Straße. Über die Jahre wurde die Bausubstanz immer schlechter, in den 1980er Jahren erfolgte der Abbruch. Heute steht hier das moderne Verwaltungszentrum einer Bank. Auch die Automarke DKW, die man damals in einer Werkstätte vor Ort noch zum Service geben konnte, ist längst Automobilgeschichte.

Der Einkehrgasthof Kassin befand sich im Jahr 1911 zwischen St. Veiter Ring und Kraßniggstraße.
Die Straßenbahn nach Annabichl ist schon in Betrieb, die St. Veiter Straße aber noch nicht befestigt. Vor dem ersten
Weltkrieg wurden in den Städten oftmals nur die Gehwege gepflastert. Die Fahrbahnen blieben „natur",
was vor allem bei Schlechtwetter für mannigfaltige Probleme sorgte.

27

Klagenfurt. Landeskrankenhaus Medizinische Abt. XVI.

162

Die „Medizinische Abteilung" war nur eine von vielen Einrichtungen, die in den neuen „Landes-Wohltätigkeits-anstalten" an der St. Veiter Straße für die Klagenfurter errichtet wurden. Die Gebäude und deren medizinische Ausstattung waren seinerzeit die modernsten der Monarchie und dienten über viele Jahrzehnte der Behandlung und Genesung vieler Kärntner und Klagenfurter Bürger.

Klagenfurt-Landes-Krankenhaus
Chirurgische Abteilung für Männer

289

Auch die „Chirurgische Abteilung für Männer" war mit den anderen Gebäuden des Landeskrankenhauses durch überdachte Wege verbunden, auf denen der gesamte Verkehr zwischen den Abteilungen witterungsunabhängig durchgeführt werden konnte. Patienten konnten auch mit dem eigenen Bett bei Bedarf in andere Gebäude geschoben werden, so zum Beispiel zum Röntgen.

Mit dem Ende der Straßenbahnlinie nach Annabichl am 28. 2. 1961 war der Weg frei für die Bagger,
die aus der schmalen St. Veiter Straße einen „Boulevard" mit vier Fahrspuren machen sollten. Man kam damals
bis zur Kreuzung mit der Kraßnigstraße. Dann musste man feststellen, dass für einen breiten Weiterbau
der Abriss ganzer Häuserzeilen notwendig wäre.

Schon kurz nach der Morogasse verlief die St. Veiter Straße früher über unbebautes Land.
Die Straße war vor dem Zweiten Weltkrieg gepflastert worden, die Straßenbahn verlief in Mittellage zwischen
den beiden schmalen Fahrspuren. Diese konnten vor den 1960er Jahren den anfallenden Individualverkehr
ohne Probleme aufnehmen und bewältigen.

Ein Blick von der alten Glanbrücke in Richtung Stadt. Gut zu erkennen ist die Straßenbahnausweiche, in der die Tramwaywagen kreuzen konnten. Auch die Gärtnerei Kropfitsch besteht schon an dieser Stelle der St. Veiter Straße, ebenso – weiter stadteinwärts – das große Gebäude des Schwesternheims, das in der Zwischenzeit aber auch schon wieder abgetragen wurde.

Die Straßenbahn führte entlang der St. Veiter Straße bis zum Friedhof nach Annabichl. Der Fotograf stand bei dieser Aufnahme vis-à-vis der Einmündung der Ehrentaler Straße, die gerade ein LKW verlässt. Hinter dem Fotografen verläuft die Dammgasse, während der Bildstock neben der Einfahrt in die Kleinhausgasse steht.

Ein Blick von der Kreuzung mit dem St. Veiter Ring in die Wodleystraße, wie der untere Teil der St. Veiter Straße zwischen Heuplatz und Ring früher einmal hieß. Bartholomäus Wodley, der Namenspatron, war Advokat und Gewerke im Klagenfurt des frühen 19. Jahrhunderts. Das Gebäude links hat trotz aller Stürme der Zeit überlebt, während die prächtigen Bäume dem Eingang eines großen Kaufhauses zum Opfer gefallen sind.

Ländlich stellt sich das letzte Stück der St. Veiter Straße in den späten 1950er Jahren dar. Zwischen der Ehrentaler Straße und dem Friedhof verlief die Straßenbahnstrecke auf eigenem Gleiskörper (rechts hinter den Bäumen). Die St. Veiter Straße war schmal, nur teilweise asphaltiert und – wie man sieht – nur sehr schwach frequentiert. Alleebäume waren damals in vielen Straßen der Stadt Klagenfurt selbstverständlich.

Triebwagen 9, gebaut 1911, wartet in der Schleife der Straßenbahn beim Friedhof in Annabichl auf die Rückfahrt zum Hauptbahnhof. Für viele Klagenfurter der Nachkriegsjahre war die Tramway die bequemste und günstigste Möglichkeit für einen Besuch der Gräber ihrer Lieben. Vor allem zu Allerheiligen und Allerseelen vollbrachte die Tramway bis 1961 enorme Beförderungsleistungen, die später mit dem Autobus nie mehr erreicht wurden.

Gruss aus Klagenfurt 14./III 1903.   St. Veiterstrasse

Eine Postkarte, abgeschickt 1903, zeigt uns den Beginn der St. Veiter Straße und die Art des damals üblichen Verkehrs. Handwagen, Pferdekutschen und vor allem Fußgänger prägen das Bild. Noch ist es nicht üblich, dass Fahrbahnen gepflastert werden; lediglich die Gehwege sind so befestigt, dass man sie auch bei Schlechtwetter relativ problemlos benützen kann.

Flughafen - Klagenfurt mit Koschutta

Eine prächtige Aufnahme des „Klagenfurter Flugfelds", wie der Flughafen Klagenfurt-Wörthersee in seinen Anfangs-jahren genannt wurde. Zuerst nur für militärische Zwecke vorgesehen begann in den 1920er Jahren auch der zivile Luftverkehr mit Verbindungen nach Italien, Deutschland und auch nach Wien. Trotzdem waren Flugtickets für den „Normalbürger" noch viele Jahre unerschwinglich.

Schloß Annabichl u. Schloßwirt bei Klagenfurt

Das Schloss Annabichl, heute in Privatbesitz, zählt zu den schönsten Bauwerken des Burgen- und Schlösserrings rund um die Stadt. Im 19. Jahrhundert war die Anlage besonders für den schönen Garten, der sich vor dem Schloss hinunter bis zur St. Veiter Straße zog, bekannt. Von dieser Gartenanlage ist heute nicht mehr viel zu sehen. Das Gleis im Vordergrund ist die Eisenbahnlinie nach St. Veit/Glan.

Auf hoher See

Dampfer „Helios" am Wörthersee   417

Der Dampfer „Helios" war das zweite Dampfschiff, dass am Wörthersee in Betrieb genommen wurde. Gebaut 1892 konnte es bereits 250 Passagiere befördern. Es wurde mehrmals renoviert und stand bis Ende der 1960er Jahre im Linienverkehr. Der „Helios" kam auch zu Filmehren, da Szenen des Wörtherseefilm-Klassikers „Unsere tollen Tanten" (mit Udo Jürgens) auf ihm gedreht wurden.

Militär-Schwimmschule am Wörthersee bei Klagenfurt "Albatros" Bootshaus

Die ersten Liegeplätze und der Dampfersteg befanden sich in der Ostbucht zwischen der damaligen Militär-schwimmschule und dem Gebäude des Rudervereins „Albatros". Zu diesem Zeitpunkt bestand die Flotte „nur" aus den Dampfschiffen „Neptun" und „Helios". Am linken Bildrand befindet sich heute – passend zum historischen Liegeplatz – die Heimstatt der „Nostalgieschifffahrt Wörthersee".

Klagenfurt am Wörthersee 61

Großer Hafen für die funkelnagelneuen Wörthersee-Schiffe „Klagenfurt" und „Maria Wörth" im Jahr 1966. Zur Schiffstaufe an der Hauptbrücke kamen nicht nur viele Klagenfurter an Land, sondern auch die Rudervereine mit ihren Booten. Die damalige „Klagenfurt" ist heute – nachdem sie zeitweise auch „Wiesbaden" geheißen hatte – noch immer als „Velden" am Wörthersee unterwegs. Die „Maria Wörth" hingegen wurde an den Völkermarkter Stausee verkauft.

Wörther-See. Landungsstelle Klagenfurt-See.

Eine Postkarte des Dampfers „Helios", der gerade am Hauptsteg in der Klagenfurter Ostbucht festgemacht hat.
Links davon der Dampf-Schlammbagger, mit dem man bis in die 1970er Jahre sowohl den Bereich
des Klagenfurter Strandbades als auch die Durchfahrt bei der Pörtschacher Schlangeninsel
von zu viel Schlick und Schlamm befreite.

Stappellauf des Motorbootes Koschat am Wörthersee im Juni 1924!

Eine sensationelle fotografische Rarität ist diese Aufnahme des „Stappellaufes" (sic!) des neuen Motorschiffes „Koschat" im Jahr 1924. Da die Wörtherseeschifffahrt damals nur über sehr primitive technische Anlagen verfügte, wurde auch die Wasserung des ersten Dieselschiffes am Wörthersee mit viel Kreativität erledigt.
Die „Koschat" heißt heute „Loretto" und ist noch immer am Wörthersee zu Hause.

In den 1930er Jahren war die Flotte der Wörthersee-Schiffe stark gewachsen und man versuchte, mit regionalen Namen einen besseren Bezug zur Schifffahrt herzustellen. So wurde als dem Flaggschiff „Thalia" die „Klagenfurt", während man aus dem „Neptun" die „Krumpendorf" machte. Aber nach nur wenigen Jahren kehrte man zu den ursprünglichen Schiffsnamen zurück, die teilweise bis heute Bestand haben.

Die „Velden" (auch „Wulfenia") war das erste „waschechte" Kärntner Wörthersee-Schiff. Gebaut in der Schiffswerft Feinig in Velden brachte sie aber ihrem Erbauer kein Glück. Da die Werft das Lieferdatum um mehr als acht Wochen überzog, wurden gewaltige Pönalezahlungen fällig, die das Unternehmen in den Konkurs rissen. Das Schiff selbst explodierte 1945 nach einem Bedienungsfehler der Maschine.

Maiernigg mit seinem Strandbad besaß bis 1965 eine eigene Landungsbrücke. Diese wurde vor dem Zweiten Weltkrieg von den sogenannten „Localschiffen" angefahren, die von der Ostbucht bis Sekirn verkehrten; später legten auch die Linienschiffe – so wie hier die „Thalia" – planmäßig an. Noch geht es recht unbekümmert zu, auf der Brücke tummeln sich auch Badegäste des angrenzenden Bades.

Eine etwas unscharfe Amateuraufnahme der „Thalia" aus dem Jahr 1913 – das Schiff ist zwei Jahre alt – fand sich auf einem Dachboden unter einer größeren Zahl uralter Fotos. Das Schiff, das in der Werft Pritschitz endmontiert wurde, hatte in den ersten Jahren einen schwarzen Rumpf, da die Verschmutzung durch die gebunkerte Kohle sehr extrem war – so erzählt es zumindest die Chronik.

Die „Koschat" in voller Fahrt auf dem Wörthersee. 1924 beschaffte die Wörthersee-Schifffahrt zwei baugleiche dieselbetriebene Motorschiffe, um die großen Dampfschiffe in der schwachen Zeit abstellen zu können. „Koschat" und „Hülgerth" (heute „Loretto" und Lorelei) waren seit 1924 – unterbrochen von einem kurzen Gastspiel auf der Donau in den 1990er Jahren – immer am Wörthersee beheimatet und wurden 2018 stolze 94 Jahre alt.

Der nördliche Teil der Klagenfurter Ostbucht war früher einmal ein geschlossenes, wunderschönes Ensemble, bestehend aus den beiden Villen des Hotels Wörthersee, der Militärschwimmschule und den Anlagen der Schifffahrt. Das einfache hölzerne Bootshaus des Rudervereins „Albatros" musste später einem bis heute bestehenden repräsentativen Bau weichen.

Klagenfurt-See, Strand-Café und Hotel Wörther See

In den späten 1920er Jahren hatte die Schifffahrt schon weitere Brücken an Stelle der ehemaligen Schwimmschule gebaut und auch eine Querslip-Anlage zur Wartung der Schiffe. Das heute als Villa Lido bestehende Gebäude war ursprünglich der östliche Trakt eines geplanten großen Direktions- und Werftgebäudes der Schifffahrt. Da der Stadt aber während des Baus das Geld ausging, blieb das Gebäude bis zum heutigen Tag eigentlich ein Torso.

Dampfer „Neptun" gehörte mit zu den am längsten am Wörthersee verkehrenden Schiffe. Zuerst mit Dampf, dann mit einem Dieselmotor angetrieben versah er getreulich seinen Dienst. In den letzten Jahren seiner aktiven Zeit hatte er immer bei der Marienprozession seine große Stunde: Als „Marienschiff" durfte er – hart an der Beladungsgrenze – die Statue der heiligen Maria und den Klerus über den See befördern.

Dampfer „Thalia" – noch in der Ursprungsausführung, also vor 1965 – bei Maiernigg. Die Stadt Klagenfurt kaufte das Gelände des heutigen Strandbades, um darauf eine neue, moderne Schiffswerft zu errichten. Da wie so oft am Ende das Geld für die Realisierung der Pläne fehlte, machte man aus dem großen Grundstück am See ein heute sehr beliebtes öffentliches Strandbad.

Hier sehen wir den Hauptsteg der Wörthersee-Schifffahrt in der Klagenfurter Ostbucht mit der „Thalia". Der Steg wurde kurz vor 1910 angelegt, um dem großen Dampfer ein leichteres Anlegen in „Klagenfurt See" zu ermöglichen. Das Wartehäuschen sah im Laufe der Jahrzehnte mehrere Varianten; abgebildet ist hier die Ursprungsausführung.

Dampfer „Klagenfurt" u. „Pörtschach"

104

Dampferauffahrt für einen Fototermin in der Nähe der Schrottenburg in den 1920er Jahren. Die Heizer der „Thalia"
(damals „Klagenfurt") und des „Helios" (damals „Pörtschach") haben ordentlich nachgelegt und produzieren eine
dementsprechende Rauchsäule. Umweltschutz und Abgasreinigung waren in diesen Jahren noch unbekannt und
man ging daher recht unbekümmert zu Werke.

Motorschiff „Herrmann" erlebte in seinen aktiven Jahren mehrere Umbauten. Für die schwach nachgefragten Kurse gebaut beendete er seine Dienste beim „Weißen Rössl" als sogenanntes „Badeschiff". Der Vereinszweig Nostalgieschifffahrt Wörthersee rettete den „Herrmann" vor dem Schrotthändler. Er wurde abgeschleppt und wartet nun in einer Halle des HISTORAMA in Ferlach auf seine Aufarbeitung.

Wörthersee, Militär-Schwimmschule.

Ein reizvoller Blick auf das Hotel Wörthersee, die Militärschwimmschule und das neue Gebäude des Rudervereins Albatros bietet diese im Original handkolorierte Postkarte. Die Dampfschiffe fanden vor 1910 leicht Platz zwischen den hölzernen Gebäuden der Schwimmschule; erst später wurden die Stege vor der heutigen Villa Lido errichtet. In der Militärschwimmschule wurden Soldaten aber auch Zivilisten „des Schwimmens kundig gemacht".

Mitte der 1980er Jahre wollten die Stadtwerke Klagenfurt als Betreiber der Schifffahrt auch den Lendkanalverkehr wieder aufnehmen. Dazu wurde das Schiff „Lorelei" komplett umgebaut. Alle Aufbauten wurden entfernt, damit das Schiff die Brücken des Kanals passieren konnte. Das Unternehmen war jedoch wirtschaftlich kein großer Erfolg und wurde bald wieder eingestellt. Bei der Eröffnungsfahrt jedoch waren die Honoratioren noch voll Zuversicht.

In über 165 Jahren der Personenschifffahrt am Wörthersee gab es bisher nur einmal einen Unfall mit Todesfolge. Im Sommer 1945 sollte auf Anordnung der britischen Armee das Motorschiff „Wulfenia" gestartet werden. Durch eine Unachtsamkeit des Maschinisten kam es zu einer heftigen Explosion, die den bedauernswerten Mann auf der Stelle tötete. Das Schiff sank bei der Werft, wurde später gehoben und verschrottet.

Der Wochenmarkt

Wochenmarkt am Alten Platz an der Kreuzung Kramergasse. Der Klagenfurter Wochenmarkt gehört seit dem späten Mittelalter zur fixen Einrichtung der Stadt. Jeden „gottgefälligen Donnerstag" kamen und kommen die Bauern der Umgebung in die Stadt, um hier ihre Waren anzubieten. Der Markttag war so wichtig, dass sich noch im 19. Jahrhundert Ämter und Banken mit ihren Öffnungszeiten nach diesem Wochentag richteten.

Der gesamte Alte Platz von der Bahnhofstraße bis hinauf zum Landhaushof verwandelte sich an den Markttagen in einen bunten Wirrwarr von Ständen, Pferdefuhrwerken und Händlern. Man konnte hier vom Reisigbesen bis zum frischen Hendl alles bekommen, und dementsprechend bunt war auch das Publikum. Von der Anziehungskraft des Marktes profitierten auch die Händler in der Kramer- und Wienergasse.

Eine der markantesten und bekanntesten Persönlichkeiten des Klagenfurter Wochenmarktes war die „Ratsch Thresl" (Theresia Kuttnig). Sie wurde auch in Wiener Adelskreisen bekannt, als sie einmal – ohne „Ansage" – mit einem Wiesenblumenstrauß bei Kaiser Franz Josef in der Burg auftauchte und dem überraschten Monarchen ihre Aufwartung machte. Ein Erzherzog im Gefolge des Kaiser war darob so begeistert, dass er ihr spontan seinen Dackel schenkte (hier am Foto zu sehen).

Aus der Zeit von 1899 oder früher stammt diese Postkarte mit der „Thresl" (auch „Thresel") am Alten Platz. Sie war als Marktfierantin mit der spitzen Zunge bekannt und scheute sich nicht, auch vornehmen und wichtigen Klagenfurter Persönlichkeiten die Meinung des Volkes ungeschönt und direkt nahezubringen. Sie wohnte im „Thresl-Hof" im Lendviertel, der 2018 dem Verfall preisgegeben ist.

Klagenfurt, 3. 10. 99.   Die Ratsch-Thresel

Herzlichen Gruss von Deiner
nichte Louisa.

Es waren natürlich vornehmlich die Dienstmädchen und Köchinnen der „feinen Gesellschaft", die am Markt die Einkäufe für ihre Herrschaft tätigten. Aber auch die Hausfrauen der Beamten oder der Handwerker kamen auf den Alten Platz, um sich mit frischen Lebensmitteln einzudecken. Denn die „Greisler" in ihren sogenannten „G'wölben" konnten damals nicht immer frisches Obst und Gemüse anbieten, waren die Kühlmöglichkeiten doch noch sehr primitiv.

Der Alte Platz zog auch viele Spezialgeschäfte an. Dominikus Zehrer eröffnete schon im 19. Jahrhundert sein weit über Klagenfurt bekanntes Geschäft für Lebzelterwaren. Getreu dem klassischen Handwerk war Zehrer nicht nur Lebkuchenbäcker, sondern handelte auch mit Honig und allen artverwandten Waren wie zum Beispiel Kerzen. Das Geschäft existiert noch heute am selben Ort.

Der „Steinerne Fischer" als Symbol für fairen Handel und ehrliches Geschäft, ihn kennt wahrscheinlich jeder Klagenfurter. Lange Jahre war die Statue am Heiligengeistplatz, dem ehemaligen Fischmarkt zu finden, bevor sie am Benediktinerplatz aufgestellt wurde. Offensichtlich nahmen es viele Marktfieranten alter Tage mit der Genauigkeit nicht so ernst. Moritaten wie jene vom steinernen Fischer sollten ermahnen und belehren.

In den 1950er Jahren übersiedelte der Wochenmarkt dann an seinen neuen Standort, den Benediktinerpatz. Man hatte sogar erstmals fixe Markthallen errichtet, um einen wettersicheren Betrieb der „Standler" zu ermöglichen. Die 8.-Mai-Straße ist noch keine Einbahn, wie man an den parallel aufgehängten Fahrleitungen des Obusses, der hier bis 1963 verkehrte, erkennen kann.

Klagenfurt Benediktinerplatz   *331*

Diese Aufnahme, gemacht aus der Benediktinerschule heraus, zeigt den ursprünglichen Zustand des Benediktinerplatzes zu der Zeit, als der Markt endgültig hierher übersiedelte. Der Platz bot bessere Möglichkeiten, die Marktfieranten unterzubringen, und man konnte erstmals auch infrastrukturelle Einrichtungen wie das Marktamt oder öffentliche WC-Anlagen errichten.

Bis in die späten 1930er Jahre diente auch der Neue Platz mit dem Lindwurm als Marktplatz. Hier wurde nicht nur mit Lebensmittel gehandelt, sondern auch mit Bekleidung, landwirtschaftlichem Bedarf oder sogar Vieh! Da es das Messegelände noch nicht gab, war der große Platz inmitten der Stadt natürlich dafür erste Wahl.

Markttag 1932 am Neuen Platz. Die Fortbewegungsmittel der Menschen haben sich geändert – es gibt schon Fahrräder in großer Zahl –, aber die Fahrzeuge der Marktfieranten sind noch traditionell. Es gibt bäuerliche Handwagen, von Pferden gezogene Leiterwagen und Kutschen. Aber es gibt auch schon (im Hintergrund erkennbar) erste Verkaufswägen, die mehr an die heutige Zeit erinnern.

Nur für eine relativ kurze Zeit wachte die Bronzefigur des Bernhard von Spanheim über das Marktgeschehen am Alten Platz. Die relativ große Metallfigur wurde nach Beginn des Zweiten Weltkriegs abgenommen und eingeschmolzen. Erst nach dem Krieg wurde die heute noch bestehende, wesentlich kleinere Steinfigur des berühmten Herzogs angeschafft und auf den verwaisten Sockel gestellt.

Der Beginn der Völkermarkterstraße am heutigen Feldmarschall-Conrad-Platz hieß im 19. Jahrhundert auch Viehplatz und hatte eine wichtige Funktion für die Marktfieranten. Bauern, die aus dem Osten Klagenfurts oder aus dem Görtschitztal nach Klagenfurt kamen, konnten bei den zahlreichen Gastwirtschaften ihre Pferde einstellen. Während am Markt gehandelt wurde, wurden die Tiere versorgt. Auch Viehmärkte fanden sporadisch hier statt.

Diese Privataufnahme aus den 1920er Jahren zeigt eine typische Marktfieranten-Familie mit ihrem Stand in der Nähe des Palais Goëss. Vor allem im Osten der Stadt gab es – in der Zeit vor den großen Einkaufszentren – ausgedehnte Gärtnereien, die ihre Produkte ohne langen Zufahrtsweg direkt in die Stadt bringen konnten.
Auch die Verkaufstische waren – da zerlegbar – rasch auf- und abgebaut.

Auch der östliche Teil des Neuen Platzes (hier die Karfreitstraße) diente in Zeiten vor dem Automobil immer wieder als Marktplatz. Oftmals war der Andrang der Fieranten so groß – vor allem vor den hohen Feiertagen –, dass man auch auf die Fahrbahn ausweichen musste. Was damals angesichts des geringen und langsamen Individualverkehrs kein Problem war.

Der heutige Dr.-Arthur-Lemisch-Platz hieß im 19. Jahrhundert noch Obstplatz. Diesen Namen verdankt er den vor allem im Herbst stattfindenden Obstmärkten. Wenn das Angebot besonders groß war, reichten die Standflächen des Alten Platzes nicht mehr aus und man musste auf andere Plätze der Stadt ausweichen.

„Drive in" war schon im 19. Jahrhundert eine alltägliche Angelegenheit. Wir befinden uns im Hof des heutigen Hotel Blumenstöckl in der Karfreitstraße. Auch hier konnten die Marktfahrer ihre Zugtiere unterstellen; Futter, Wasser und Aufsicht gehörten zum Angebot des Wirts. Die Fieranten kehrten nach einem erfolgreichen Markttag auch hier ein, um dann, frisch gestärkt durch ein kühles Bier, wieder die Heimfahrt anzutreten.

Frühling in der Benediktinerweinstube Klagenfurt

555

„Frühling in der Benediktinerweinstube" am gleichnamigen Platz. Die Benediktiner aus St. Paul im Lavanttal hatten über viele Jahre in Klagenfurt eine „Dependance". Die Mönche, die kulinarischen Genüssen nie abgeneigt waren, besaßen im heutigen Slowenien ausgedehnte Weingärten, die einen hervorragenden Weißwein lieferten. Dieser wurde hier verkauft. Den Stiftswein gibt es übrigens auch heute wieder in St. Paul zu kaufen!

Familienbilder

Kaffeehäuser waren in der Zeit der Monarchie die Austauschzentralen für die neuesten Informationen. Das renommierteste und beste Café in Klagenfurt war zu dieser Zeit „der Schiberth" in der Paradeisergasse. Hier gab es nicht nur die wichtigsten Zeitungen der Monarchie – 24 an der Zahl –, sondern auch ein eigenes „Herrenzimmer" mit Pool-Billard und einen Rauchersalon.

Was heute die Taxis, waren vor dem Ersten Weltkrieg die Fiaker. Diese gab es nicht nur in Wien, sondern in allen größeren Städten der Monarchie. Dieses Gespann wartet am Burggarten an der Ecke Domgasse/Paradeisergasse auf Fahrgäste. Die Beförderungstarife waren für die damalige Zeit recht hoch; eine Fahrt zum Wörthersee konnte bis zu einem Tageslohn eines Arbeiters kosten.

Aus einem bäuerlichen Familienalbum stammt diese Aufnahme eines wohlsituierten Bauern mit seiner Frau aus der Umgebung von Klagenfurt. Das Umland der Stadt war viele Jahrhunderte lang bäuerlich geprägt und erst in den letzten 50 Jahren wurden viele Ackerflächen zu Bauland umgewidmet und gingen damit der Landwirtschaft für immer verloren.

Ende Jänner 1915, also schon während des Ersten Weltkriegs, machte ein Amateurfotograf diese Aufnahme in der Villacher Straße nächst dem Schrotturm. Dieser befindet sich hinter den beiden Damen; die Fotostelle ist die heutige „lange Gerade" zwischen dem Schrotturm und dem Bad Kropfitsch bei Krumpendorf. Autoverkehr gab es so gut wie keinen; auch Pferdeschlitten waren selten.

Eine gut situierte Dame aus dem Haushalt des Klagenfurter Arztes, dem wir diese Amateuraufnahmen verdanken, macht sich auf zu einem Spaziergang. Die Fotografie steckte damals immer noch in den Kinderschuhen; die Fotografen notierten daher alle Details der gemachten Aufnahme, insbesondere die Blende und die Belichtungszeit.

Der Leibesertüchtigung wurde in der Monarchie große Bedeutung beigemessen. Die verschiedenen Turnerbünde und Turnvereine standen Damen und Herren offen. Im Klagenfurter Herbertgarten an der Feldkirchner Straße gab es auch 1912 wieder eine große Leistungsschau der Klagenfurter Turner, die von vielen hundert Besuchern gerne gesehen wurden.

Im Rahmen der Turnvereine konnte man sich an allen nur erdenklichen Geräten – vom Barren über das Reck bis zum Kasten – versuchen und ertüchtigen. Die Unterweisung in diesen Sportarten diente zwar einerseits der körperlichen Ertüchtigung, hatte aber bei den Herren auch immer einen leicht militärischen Hintergrund.

Aus dem Haushalt eines damals in Klagenfurt praktizierenden Arztes sind uns einige Bilder erhalten geblieben. Hier ein Blick in das „Damenzimmer", das nicht nur durch den überdimensionalen (und sicher sehr schweren) Spiegel besticht, sondern auch durch den schönen Kachelofen. Das Brennholz kam zu dieser Zeit immer noch auf Flößen über den Lendkanal in die Stadt.

Am 24. August 1919, einem Sonntag, fand im Schillerpark ein großer Trachtenaufmarsch statt. Noch waren die Besitzansprüche Jugoslawiens durch die Volksabstimmung nicht entschieden. Daher kam es immer wieder zu solchen patriotischen Aufmärschen, bei denen die Kärntner Kultur und das Kärntner Wesen eindrucksvoll beschworen wurden.

Trachtenfestzug im Mai 1921 am Neuen Platz. Die Volksabstimmung hat Kärnten „frei und ungeteilt" gelassen, nun versucht man, das normale zivile Leben wieder in Gang zu bringen. Dazu diente dieser offensichtlich internationale Umzug, an dem – laut erhaltenen Notizen des Fotografen – auch Gruppen aus dem Riesengebirge und aus Schlesien teilnahmen.

Amateuraufnahme oberhalb des heutigen Hotels Plattenwirt an der Lehne nach Norden hin. Hier verläuft heute die Autobahn. Derartige Spaziergänge waren vor allem für die Damen in ihren langen Kleidern nicht immer ein Vergnügen. Aber auch der Fotograf, der seine schwere Kamera mit den Glasplatten mit sich tragen musste, wird ordentlich ins Schwitzen gekommen sein.

Ein klassisches Familienfoto einer Klagenfurter Familie aus der Zeit vor dem Ersten Weltkrieg. Die patriarchalisch gestaltete Gesellschaft des Kaiserreichs sollte sich schon sehr bald grundlegend ändern; trotzdem ist aus diesem Bild und der Körpersprache der Personen klar zu erkennen, wer der „Herr im Hause" ist.

Ein weiterer Blick in das Haus des Klagenfurter Arztes. Diesmal eine Aufnahme seines Wartezimmers. Die medizinische Versorgung jener Tage war für alle die, die es sich leisten konnten, schon recht gut. Wer keine Geldmittel besaß, um sich bei einem Arzt behandeln zu lassen, der musste auf die wohltätigen Einrichtungen wie das Krankenhaus der Elisabethinen in der Völkermarkter Straße ausweichen.

Wir wissen, dass die Dogge den Namen „Odin" trug und einer Familie Raunegger gehörte. Im Jahr 1913 entstand diese Aufnahme. Frauerl und Hund stehen auf einem der mit weißem Marmor aus Pörtschach gepflasterten Gehwege, der Klagenfurt eine Zeitlang auch den Beinamen „weiße Stadt" einbrachte.

Das „Salettl“ stand an der Ecke der Kreuzung der Sariastraße mit dem Völkermarkter Ring (links), der damals allerdings noch Bismarckring genannt wurde. Der dahinter liegende Garten und das Wohnhaus entstanden auf den Resten des sogenannten „Walls“, welcher einst der Klagenfurter Stadtmauer vorgelagert war.

Hier nun der im vorherigen Bild erwähnte Garten in einer Panoramaaufnahme. Er gehörte zum Haus und Besitz jenes Klagenfurter Arztes, aus dessen Nachlass wir in diesem Buch einige Bilder zeigen können. Die Aufnahme entstand 1913, dem letzten Friedensjahr, und gibt uns einen guten Einblick in die Idylle, die einst in Klagenfurt geherrscht haben muss.

Was im Sommer der Fiaker, war im Winter der Pferdeschlitten. Auch hier galt wieder, dass sich nur finanziell gut gestellte Personen einen solchen „Fahrdienst" leisten konnten. Bei der Familie des Klagenfurter Arztes war dies zweifellos der Fall und so machen sich einige Damen und ein junger Mann im Winter 1912/13 per Schlitten auf zum Eislaufen am Wörthersee.

Das Haus „am Wall". Der Fotograf steht auf der Westseite des heutigen Völkermarkter Rings. Die Umgebung hier hat sich seither massiv verändert; insbesondere die großen Niveauunterschiede, die nach der Sprengung der Stadtmauer durch Napoleon 1809 entstanden waren, sind längst beseitigt worden.

Eine wahre Sensation gab es im September 1913, als eines der ersten Wasserflugzeuge am Wörthersee erprobt wurde. Gestartet und gelandet wurde in der Klagenfurter Ostbucht. Das Flugzeug steht hier ungefähr in Höhe der heutigen Villa Lido. Noch ist die Bucht unverbaut; auch das Strandbad gibt es noch nicht.
So war genug Platz für oft waghalsige Flugversuche.

Den Sommer im Garten genießen – das will man damals wie heute. Die Sommerkleidung der Damen war ehedem darauf ausgerichtet, einen möglichst blassen Teint zu bewahren – braune Haut, heute „Markenzeichen" für den sportlichen Sonnenanbeter, war verpönt, da sie gleichgesetzt wurde mit körperlicher Arbeit im Freien – eine Schockvorstellung für die „feine Dame" dieser Zeit.

Klagenfurt von oben

Luftaufnahmen gehörten seit der Erfindung des Flugzeugs zu beliebten Motiven, die auch oftmals als Ansichtskarten aufgelegt wurden. Diese Luftaufnahme aus den frühen 1930er Jahren blickt von der Stadtmitte aus Richtung Westen. Gut erkennbar ist der Wörthersee und das neue Klagenfurter Strandbad. Die Linsengasse ist schon weitgehend verbaut, während die Koschatstraße noch bei der Lerchenfeldstraße endet.

Klagenfurt von Osten

245

Von Osten her wurde diese Aufnahme gemacht. Man erkennt sehr schön den Klagenfurter Schlachthof und im Hintergrund das wohl funkelnagelneue Fernheizkraftwerk. Die Eisenbahnstrecke nach St. Veit/Glan ist noch nicht elektrifiziert, ein Güterzug mit einer Dampflokomotive ist auf dem Weg zum Hauptbahnhof.

Klagenfurt, Südost   244

Das dominierende Bauwerk für viele Jahre war im Bereich des Klagenfurter Ostbahnhofs der Lagerhallenkomplex der „Austria Tabak". Die Bauarbeiten sind in vollem Gang. Dort, wo heute das Bürogebäude des AMS steht, erstreckt sich noch ein Garten mit vielen Bäumen. Auch östlich der Bahn wurde erst später verbaut.

Die Klagenfurter Innenstadt in den 1950er Jahren. Gut erkennbar im Vordergrund das Stauderhaus und der Heiligengeistplatz, auf dem einige sogenannte „Schnauzenautobusse" mit Anhängern auf ihren nächsten Einsatz warten. Der Blick über die Stadt geht bis zum Fernheizwerk und darüber hinaus; im Osten der Stadt erstrecken sich noch weite Felder.

Klagenfurt in Kärnten.

Fliegeraufnahme 1162

Über dem Kreuzbergl ist der Flieger mit seinem Fotografen hier unterwegs. Noch steht am Kreuzbergl der alte Aussichtsturm, der einst für Kaiser Franz Josef errichtet wurde. Die Sterneckstraße in Richtung St. Martin gibt es noch nicht. Sie endet an der Ferdinand-Jergitsch-Straße. In Bau befindet sich das Priesterhaus nahe dem Lendkanal.

Ein Blick über die St. Veiter Straße beim Landeskrankenhaus in Richtung der Karawanken. Nach Einstellung der Tramway wurde die St. Veiter Straße hier vierspurig ausgebaut, um einen repräsentativen „Boulevard" als Einfallstraße vom Norden her zu haben. In der Zwischenzeit hat man sich anders besonnen und längst wieder alles rückgebaut.

Wohl vom Stadtpfarrturm aus dürfte diese Aufnahme gemacht worden sein. Der Blick geht über die Innenstadt nach Südosten. Gut erkennbar sind der Dom, das neue Verwaltungs-Hochhaus des Landes Kärnten und im Hintergrund die noch immer weiten unverbauten Flächen Ebenthal zu.

Klagenfurt mit Koschutta, Flughafen · 2865

Der Flughafen Klagenfurt steht im Mittelpunkt dieser Aufnahme. Zuerst als militärische Einrichtung gedacht, diente er bald auch der zivilen Luftfahrt und ist heute noch Drehscheibe des Flugverkehrs in unserem Bundesland. Die Stadt ist noch nicht an den Flughafen herangerückt. Im Vordergrund des Fotos erkennt man die Gräber des Klagenfurter Zentralfriedhofs.

Eine Aufnahme von Osten zeigt uns den völlig unverbauten Kardinalplatz, die Salmstraße und den Völkermarkter Ring. Der Turm der Elisabethinenkirche ist am unteren Bildrand zu erkennen. Das Foto stammt aus den 1930er Jahren, da die „alte Sparkasse" in der Bahnhofstraße noch steht, die 1944 bei einem Bombenangriff zerstört wurde.

Klagenfurt, 446 m Seehöhe, mit Koschutta und Ferlacher Horn.

Etwas Ortskenntnis braucht man, um sich auf dieser Ansicht zurechtzufinden. Die Häuserzeilen im Vordergrund stehen entlang des Lendkanals und der Villacher Straße, während die kleine Ansammlung von Häusern mehr im Hintergrund Waidmannsdorf ist. Bei genauem Hinsehen erkennt man am rechten Rand dieser Siedlung einen großen Stadl, jenen des Gasthof Holzlegers, der an der Stelle des heutigen Urbaneums stand.

Klagenfurt -Wörthersee, Ausblick vom Aussichtsturm der Schrottenburg   1409

Von der Schrottenburg aus (so nannte und nennt der Volksmund den „Schrotturm" an der Villacher Straße) wurde diese Aufnahme gegen die Ostbucht gemacht. Zwar steht das Strandbad Klagenfurt schon, weite Teile der Bucht sind aber noch unverbaut. Die Ostbucht war bis 1938 Gemeindegebiet von Krumpendorf und wurde erst in diesem Jahr der Stadt Klagenfurt einverleibt.

Der Klagenfurter Benediktinerplatz ist heute das Zentrum des Marktwesens der Stadt. Der Blick – aufgenommen wahrscheinlich vom Dach des Postgebäudes – geht gegen den Dom und die Sattnitz bei Ebenthal. Rechter Hand die Marienkirche, die einst von den Benediktinern betreut wurde. Auch das Café Musil, einst erste Konditorei am Platz, gibt es noch, ebenso wie „den Pumpe", der sich aber hinter Bäumen versteckt.

Ein sehr gefälliges Aussehen hatte der Neue Platz in den 1930er Jahren. Die Pflasterung war äußerst geschmackvoll und auch der Umstand, dass man den Platz noch komplett im Auto umrunden konnte – und sogar Parken vor dem Rathaus möglich war –, störte nicht, war die Zahl der zugelassenen PKW zu dieser Zeit doch zu vernachlässigen. Der Neue Platz war damals auch der zentrale Autobusbahnhof für die Buslinien in das Umland.

Klagenfurt in Kärnten - Strandbad.

Fliegeraufnahme 1171

Nicht unumstritten war der Bau des Klagenfurter Strandbads in den 1920er Jahren. Einige Zeitgenossen sahen darin ein „Sündenbabel", das der Unkeuschheit Vorschub leisten würde. Das restliche Seendreieck ist noch Sumpf- und Moorlandschaft. Zu erkennen ist gleich hinter dem Strandbad die Trabrenn- und Motorradbahn, auf der zu jener Zeit regelmäßig Rennen stattfanden, die sich großer Beliebtheit erfreuten.

Klagenfurt gegen den Wörthersee

Die heute als Ausfallstraße nach Westen hin genutzte Koschatstraße endete in den 1920er Jahren nach wenigen Metern auf der „grünen Wiese". Zwar stehen am nördlichen Rand schon die ersten Wohnhäuser der Post und im Süden die „Sparkassenhäuser", trotzdem sieht diese Gegend von Klagenfurt noch sehr ländlich aus. Breit hingegen ist die Linsengasse angelegt, auf der auch reger Verkehr herrscht.

Klagenfurt wurde nach dem Brand von 1514 von Domenico dell'Allio als „verschobenes Rechteck" wiederaufgebaut. Auch die Innenstadt wurde rechteckig ausgerichtet, was man auf dieser Aufnahme gut erkennen kann. Die rund um den Dom bestehende „Jesuitenkaserne" war einst ein Bollwerk der Gegenreformation, bildete aber auch mit dem „Jesuitenkolleg" (dem heutigen Europagymnasium) einen ersten Schritt zu einer hervorragenden schulischen Ausbildung.

In den 1970er Jahren hat sich Klagenfurt schon ziemlich gewandelt. Bemerkenswert waren die Wohnbauaktivitäten der Stadt in jenen Jahren – die Fischlsiedlung wurde von einer Barackenstadt zu einer modernen Hochhaussiedlung umgebaut. Diese Siedlung war eines der großen Projekte zur Linderung der Wohnungsnot und der Beseitigung der Baracken (Notwohnungen), die noch aus der Zeit nach dem Zweiten Weltkrieg stammten.

Auch in Waidmannsdorf entstanden mit den „Stern-Hochhäusern" erste höhere Wohnbauten. Waidmannsdorf hatte schon in der Vorkriegszeit durch die „Kanaltaler Siedlung" einen eklatanten Zuzug an neuen Bewohnern verzeichnen können. Allerdings wurden die relativ gigantischen Ausbaupläne für die „Neustadt", so der angedachte Name, 1939 wegen des Kriegsausbruchs nicht mehr verwirklicht.

Eine Aufnahme aus dem späten 19. Jahrhundert, vom Stadtpfarrturm hinunter auf den Heuplatz. Seifensieder- und Spiritusproduzent Hatheyer hat seinen Firmensitz noch am Heuplatz, während sich im Hintergrund die Lederfabrik Neuner ausbreitet. Beide Industriebetriebe wären heute in einer Innenstadt undenkbar.
Die Straße hin zum St. Veiter Ring heißt zur Zeit der Aufnahme übrigens noch Wodleygasse.

Vom Dom ein Blick gegen Norden über die Domgasse hinweg. Noch lädt der Burggarten zum Verweilen ein –
auch ein kühles Bier wurde hier gerne serviert – und noch kann man in der Domgasse tanken. Da die Bombenruine
der „alten Sparkasse" am Fleischmarkt schon weggeräumt ist, das neue Gebäude aber noch nicht steht,
kann man die Aufnahme auf die Jahre 1948–49 datieren.

Vom Lendkanal zum Wörthersee

Beherrschendes Bauwerk des Lendhafens war über viele Jahre das Vereinsgebäude des Eislaufvereins Wörthersee. Der Lendhafen und der Lendkanal bis hinunter zur Steinernen Brücke war immer die erste Eisfläche, die den Klagenfurtern zur Verfügung stand. Hier veranstaltete man nicht nur sportliche Eislaufbewerbe, sondern auch die sehr beliebten „Eistanz-Nachmittage". Highlight waren die Abendveranstaltungen bei Kerzenschein.

Der kleine „Lendkanalpropeller Loretto" ist auf dem Weg vom Lendhafen zum Wörthersee. Das Schiff ist bereits von Dampf- auf Dieselantrieb umgebaut, was eine Datierung des Bildes auf nach 1934 zulässt. Die „Rizzibrücke" wurde 1902 zu Ehren des Dichters, Autors und Journalisten Vinzenz Rizzi errichtet, der in der ersten Hälfte des 19. Jahrhunderts ein bekannter Name in Klagenfurt war, dessen Werke aber heute weitgehend vergessen sind.

Die Steinerne Brücke von Osten gesehen, im Hintergrund der „Schattenhof". Die Brücke entstand um 1535, sie ist damit um mehr als 60 Jahre älter als die Rialto-Brücke in Venedig. Sie diente hauptsächlich den Bauern aus St. Martin zur leichteren Erreichbarkeit ihrer Felder in der Gegend des heutigen Waidmannsdorfs.

Der Fotograf dieser Aufnahme steht mitten auf der Steinernen Brücke und blickt nach Norden in Richtung St. Martin. Kurioserweise gibt es rund um diese Brücke die meisten Unglücksfälle, bei denen Menschen in der Lend ertrunken sind. Dies wird auf die drei „guten Gastwirtschaften" in Waidmannsdorf zurückgeführt und auf den Umstand, dass einige alkoholisierte Nachtschwärmer in der Finsternis die Brücke nicht fanden und über die Böschung stürzten.

Der Gasthof mit Fiakerei Zum weißen Ochsen stand einst an der Kreuzung Villacher und Sponheimer Straße.
Der zweisitzige geschlossene Fiaker ist offensichtlich für eine Hochzeit geschmückt und wartet wohl auf seine Fahrgäste.
Besitzer Josef Kronschacher verfügte auch über eines der ersten Telefone von Klagenfurt: Die Nummer war 254.

Klagenfurt, Lendkanal

2602

Blick über den zugefrorenen Lendhafen mit der evangelischen Johannes-Kirche im Hintergrund. Der Lendhafen war früher nicht nur Handelsplatz, sondern auch Freizeitanlage für die Klagenfurter. Im Sommer gaben die Militärkapellen Platzkonzerte, im Winter konnte bis in die Nacht hinein dem Eislaufsport gehuldigt werden. Dieser hat in Klagenfurt eine lange Tradition und geht bis in die 1840er Jahre zurück.

Karnbergers Backhaus in der Villacher Straße Ecke Hoffmanngasse ist insofern bemerkenswert, als bis zum heutigen Tage an dieser Stelle Brot gebacken wird. Veit Mühlbacher besaß gleich nebenan einen großen Laden für Lederwaren, insbesondere Zaumzeuge und Pferdebedarf. Auch die großen gemalten Wandwerbungen sind bereits in Mode – auch die „Schichtseife" kann man heute noch erwerben.

Eine Sensation ersten Ranges war der Flug des LZ 127 „Graf Zeppelin" am 12. Juli 1931 über Österreich. Von Wien kommend überflog das 269 Meter lange Luftschiff Klagenfurt und den Wörthersee, wendete über dem Faaker See und kam gegen 12.45 Uhr wieder über Klagenfurt. Hier sehen wir das Luftschiff über der Villacher Straße und dem Lendhafen. Da der Zeppelin maximal 500 Meter hoch flog, muss dieser Vorbeiflug ein beeindruckendes Schauspiel gewesen sein.

Zum Gösser Biergarten in der Villacher Straße gleich oberhalb des Lendhafens konnte man seinerzeit bequem mit der Straßenbahn anreisen. Die Umgebung des Lendhafens verfügte über eine größere Zahl von Gastwirtschaften und Branntweinschenken, was dem regen geschäftlichen Leben im Lendhafen jener Zeit geschuldet sein dürfte.

Paternioner's Gasthaus   Klagenfurt.

Eine Zeichnung von Paternioner's Gasthaus, das der davor liegenden Brücke über die Lend bis heute ihren Namen gibt. Die Paternionerbrücke war ursprünglich eine einfache Holzbrücke, die zuerst wegen der Pferdetramway leicht verstärkt, bei der Umstellung auf die elektrische Straßenbahn aber erstmals neu gebaut wurde. Nach dem Zweiten Weltkrieg ersetzte man diese Brücke dann durch die noch heute bestehende Stahlkonstruktion.

Dieses Amateurfoto, zusammengeschnitten aus zwei Bildern, zeigt uns den Bau der Eisenbahnunterführung bei der Steinernen Brücke 1953/54. Durch die Elektrifizierung der Südbahn wollte man auch die Schrankenanlage beim alten Bahnhof Lend beseitigen und eine Unterführung errichten. Ein an sich guter Gedanke, nur wurde deswegen schlussendlich die beliebte Straßenbahnlinie zum See eingestellt und abgetragen.

See-Kabel-Transport, resp. Verlegung (Anschluss an das städt. Elektrizitätswerk Klagenfurt am 8. Juni 1909.)
(Originalaufnahme von Gustav Lasic, Klagenfurt.)

Vor der kritischen Brücke bei Paternioner

Im Jahr 1909 war die Versorgung aller Stadtteile mit elektrischem Strom in vollem Gang. Offensichtlich wurde damals auch ein „Kanalkabel" im Lendkanal versenkt. Die Verlegung erfolgte mittels eines Pontons, den man hier kurz vor der Paternionerbrücke fotografisch festgehalten hat.

139

Kurz- und Langstreckenrennen auf Eis waren vor dem Zweiten Weltkrieg ein Fixpunkt im sportlichen Winterprogramm. Das Bild zeigt einen Kurzstrecken-Wettlauf zwischen der Eisenbahnbrücke und dem Lendhafen. Berühmtester Lauf war aber der „Langstreckenlauf" vom Lendhafen nach Velden über den gesamten Lendkanal und Wörthersee. Der Rekord liegt (noch immer) bei 1 Stunde und 5 Minuten.

Ländliche Idylle strahlte der alte Bahnhof Klagenfurt-Lend aus, der vor 1954 auf der südlichen Kanalseite lag.
Die Baulichkeiten und Sicherheitseinrichtungen entsprachen dem Standard der k. u. k. Südbahngesellschaft, die 1864
diese Strecke in Betrieb genommen hatte. Im Hintergrund erkennt man die Schrankenanlage,
mit der die Villacher Straße gesichert wurde.

Aus einem privaten Nachlass stammt diese Aufnahme, bei welcher der Zahn der Zeit schon am Negativ genagt hat. Wir schreiben das Jahr 1945, es ist Sommer und der Fotograf steht in der Villacher Straße in Höhe der heutigen Autobahnauffahrt Minimundus. Eine einsame Radfahrerin benutzt diese heute viel befahrene Straße, während links hinter den Bäumen noch das Gleis der Seetramway erkennbar ist.

Die ersten bescheidenen Anfänge von Minimundus zeigt diese Aufnahme. Nachdem das sogenannte „Mineurop"
bereits nach kurzer Zeit in die Pleite geschlittert war, übernahm die Organisation „Rettet das Kind" die Anlage
und schuf dort über die Jahre eine der bekanntesten touristischen Sehenswürdigkeiten Kärntens.

Dieser wunderschöne Brunnen mit Straßenlaterne stand um 1900 auf dem Stauderplatz. Klagenfurt besaß einige solche öffentlichen Brunnen oder „Schwemmen", an denen man sich mit Wasser versorgen konnte. Dieser besonders schöne Wasserspender wanderte später auf den Fleischmarkt, wo er noch 1942 zu sehen ist. Er dürfte dem Bombenangriff im Sommer 1944 zum Opfer gefallen sein.

1954 war der Bau der Unterführung bei der Steinernen Brücke abgeschlossen. Die August-Jaksch-Straße hatte eine direkte Anbindung an die Villacher Straße erhalten. Allerdings sollte dies nur für gut 20 Jahre so sein. Im Zuge des Autobahnbaus wurde die August-Jaksch-Straße in die Autobahnauffahrt integriert und diese Einmündung wieder aufgelassen.

Direkt am Lendkanal entstand in den 1950er Jahren ein hochmoderner Mittelwellensender des ORF. Mit zwei rund 120 Meter hohen Sendemasten wurden hier Radioprogramme ausgestrahlt. Als der Sender aufgelassen wurde, standen die Gebäude einige Jahre leer, bevor die Nostalgiebahnen in Kärnten hier das Stadtverkehrs- und Kinomuseum einrichteten, das in Verbindung mit der „Lendcanaltramway" ein lohnendes Ausflugsziel darstellt.

Die große und gut eingerichtete Wartehalle nächst der Schiffsanlegestelle, kurz genannt „See Halle", verrichtete auch noch nach der Einstellung der Obuslinie nach Krumpendorf und der Seetramway brav ihren Dienst und bot Fahrgästen der Autobuslinie „S" einen wettersicheren Unterstand. Sie wurde vor geraumer Zeit dann unter nie ganz geklärten Umständen über Nacht einfach abgetragen.

Plätze der Innenstadt

Klagenfurt.

2. Mai 1903

Fleischmarkt.

L. A. Berzáczy, Klagenfurt.

Der Fleischmarkt war nur einer jener Plätze, die in Klagenfurt nach ihrem Zweck benannt wurden.
Wir erinnern uns, es gab auch den Obstplatz, Mehlplatz ... Hier floss in früherer Zeit auch der offene Feuerbach
vorbei, der von den Fleischern gerne für die Entsorgung von Fleischresten verwendet wurde,
was im 17. Jahrhundert zu einer Rattenplage führte.

Der Kinoplatz in St. Ruprecht war immer schon ein Kommunikationsmittelpunkt dieses Stadtteils, der früher sogar eine eigene, selbständige Stadt war. Das Volkskino war das erste richtige Tonkino der Stadt; seine Errichtung führte in den späten 1920er Jahren zu heftigen Diskussionen innerhalb des Gemeinderats, der ein weiteres „Aufkommen des Sozialismus" durch entsprechende Filme fürchtete.

Das alte Rathaus von Klagenfurt an der Ecke Alter Platz / Wiener Gasse war – neben dem Haus Zur Goldenen Gans –
beherrschendes Bauwerk des Alten Platzes. Raumnot führte schließlich dazu, dass man 1919 das Gebäude gegen das
heutige Rathaus (ehemals Orsini-Rosenberg'sches Palais) am Neuen Platz tauschte. Die Städtische Sparkasse war ein
Betrieb der Stadt Klagenfurt. Sie ging in den 1920er Jahren in Konkurs.

H. 106 Klagenfurt. 1893
Heiligengeistplatz

Der Heiligengeistplatz machte über die Jahrhunderte eine Metamorphose vom Friedhof über Fischmarkt und Park
bis hin zum städtischen Autobusbahnhof durch. Als Pestfriedhof der Stadt wurde er zuerst in den Chroniken erwähnt,
nach oftmaliger Umgestaltung ist er heute ein baumloser, wenig einladender Platz, dem spitzzüngige Zeitgenossen
ob des Architekten auch den Beinamen „Paradeplatz der NVA" gegeben haben
(der Architekt stammt aus der ehemaligen DDR).

KLAGENFURT. - Heuplatz;

Die zum Abbruch bestimmten Häuser.

Die Südseite des Heuplatzes wurde nicht immer vom großen Gebäude des Hotels Kaiser von Österreich dominiert. Vor allem nach Westen hin gab es viele kleine, alte und baufällige Häuser, die zwischen 1905 und 1910 abgerissen wurden. Dadurch wurde es auch möglich, den Springbrunnen und den kleinen Park an der Nordseite der Stadtpfarrkirche anzulegen.

Auch der Kardinalplatz, in früherer Zeit auch Fürstenplatz genannt, zeichnete sich in der Vergangenheit durch eine weite, offene Fläche aus, die den Platz auch Platz sein ließen. Selbstverständlich waren bei dieser Sanierung in den1950er Jahren neue Bäume gepflanzt worden und der Obelisk steht noch beherrschend im Mittelpunkt dieses Kardinal Salm gewidmeten Platzes.

Viel hat sich hier in St. Ruprecht geändert, denn glaubt man der Aufschrift auf der Karte, sehen wir hier die Gegend, in der sich heute der Kinoplatz befindet. Wir stehen an derselben Stelle wie am folgenden Bild, nur dass der Garten verschwunden und das Volkskino erbaut worden ist. Eine einzige einsame Straßenlaterne spendet in der Dunkelheit etwas Licht ... Angesichts der heutigen Masse an Straßenlaternen und Beleuchtung kann man sich die winterliche Dunkelheit im Klagenfurt von damals nur schwer vorstellen.

Stadt St. Ruprecht bei Klagenfurt, Platz

1930 sieht der Kinoplatz schon ganz anders aus. Der Fotograf steht vor dem neuen Volkskino und blickt auf die Bahnübersetzung. Schon damals gab es – um den Passanten das lange Warten am Schranken zu ersparen – eine Fußgängerbrücke über die Gleise. Die Autos fahren noch auf der linken Straßenseite und sind eindeutig in der Minderheit.

Auch auf dem Pfarrplatz gab es einst einen
Brunnen, an dem Mensch und Tier mit
Wasser versorgt werden konnten. Eine der
vielen Gastwirtschaften der Stadt war das
Lindwurm-Stübl, das schon damals,
um 1890, die Gäste anzog. Besonders
natürlich nach den Sonntagsgottes-
diensten in der nahe gelegenen Stadtpfarrkirche zum „Frühschoppen".

Der Stauderplatz im Jahr 1921. Rechter Hand erkennt man den zum Hotel Sandwirth gehörenden Garten, gleich davor die Gleise der Tramway zum Wörthersee. Die Villacher Straße ist noch nicht asphaltiert. Bemerkenswert das Auto, das hier unterwegs ist. Es trägt die Nummer „F 45". „F" war in der Monarchie und auch danach noch das Kennzeichen für Kärnten, „45" bedeutet, der Wagen war die 45ste Zulassung im Land gewesen.

Offensichtlich steht am 18. Februar 1911 eine Nachmittagsvorstellung auf dem Programm, denn das Publikum strömt zu den Eingangstüren des „Jubiläumsstadttheaters", das anlässlich des 60jährigen Thronjubiläums von Kaiser Franz Josef errichtet wurde. Der Platz davor, auf dem das ehemalige „alte" Theater stand, ist nur provisorisch hergerichtet und wartet noch auf seine Ausgestaltung.

Der Obstplatz (heute Dr.-Arthur-Lemisch-Platz) war ein Teil des Neuen Platzes, auf dem zu bestimmten Zeiten die Obstmärkte der Stadt durchgeführt wurden. 1916 wurde er Teil des Franz-Josephs-Platzes und mit einer Statue des gerade verstorbenen Kaisers geschmückt. Später dann wurde dort das Spanheimer-Denkmal, das am Alten Platz der Pestsäule vom Heiligengeistplatz weichen musste, aufgestellt.

Der Viehplatz in der Völkermarkter Straße, heute Feldmarschall-Conrad-Platz, verdankt seinen Namen
den Viehmärkten, die hier stattfanden sowie den Einstellmöglichkeiten für Pferde der Marktfieranten, die auf den
Klagenfurter Wochenmärkten verkauften. Im Hintergrund die Elisabethinenkirche.

Ein Blick über den Alten Platz gegen die „Goldene Gans". Die historische Bausubstanz dieses zentralen Platzes unserer Stadt blieb – abgesehen von einigen wenigen Häusern am östlichen Ende – auch während des Zweiten Weltkriegs von Bombentreffern verschont und konnte daher bis heute erhalten werden. Josef Friedrich Perkonig meint in seinem Film über Klagenfurt übrigens: „Wenn Sie durch die Stadt gehen, schauen Sie nach oben. Klagenfurt wird vom ersten Stock an erst schön!"

Gruss aus Klagenfurt, 16.6.99   Alter Platz.

1899 wurde diese Postkarte des Alten Platzes abgeschickt. Der Blick geht nach Osten, an der Kreuzung mit der Wiener- und Kramergasse beherrscht ein Brunnen, aus dem man auch Wasser schöpfen konnte, das Bild. Das Ensemble strahlt Beschaulichkeit und Ruhe aus; kein Vergleich zur Hektik der heutigen Zeit.

Klagenfurt   Café Swoboda.

Das Café Swoboda am Kardinalplatz war nur eines von vielen Kaffeehäusern, in denen die Klagenfurter nicht nur
Zeitungen lesen konnten, sondern auch „live" den neuesten Klatsch und Tratsch erfahren konnten.
Im Café Swoboda hatte auch der „Klagenfurter Fahrradverein" sein Vereinslokal.

Klagenfurt *Neuer Platz*

Mit dem Wiederaufbau der Stadt Klagenfurt nach 1518 wurde auch der Neue Platz ein wesentlicher Mittelpunkt der Stadt. Dies ist er bis heute geblieben, obwohl in unserer Zeit keine Fiakerpferde mehr den Schatten der Bäume suchen. Auch das Zusammenstehen unter den Bäumen ist selten geworden, zumal die alten Kastanien zwei schnurgeraden Reihen von Platanen gewichen sind.

Hochbetrieb am Heiligengeistplatz. Ein geschlossener Triebwagen mit Sommerwagen 103 ist unterwegs zum Wörthersee, während rechts davon ein Triebwagen mit einem geschlossenen Beiwagen auf die Abfahrt nach Annabichl wartet. Die Straßenbahn fuhr damals während des Tages alle 7,5 Minuten, in der Nacht alle 15 Minuten und stellte so optimale Verbindungen her.

Noch ungepflastert zeigt sich der Neue Platz, der 1917 Franz-Josephs-Platz hieß, auf dieser Aufnahme.
Die Straßenbahn zum Bahnhof ist schon elektrifiziert und hat direkt vor dem wuchtigen Rainer-Hof eine Ausweiche.
Maria Theresia steht noch an ihrem angestammten Platz, direkt vor dem Rathaus.

Am Rande des Benediktinerplatzes stand schon in der Monarchie die Hauptpost, ein wuchtiger Bau, der die Wichtigkeit der Post mit all ihren Serviceleistungen eindrucksvoll unter Beweis stellte. 1953, als die ärgsten Kriegs-schäden behoben waren, wurde die Hauptpost noch einmal ausgebaut. Knapp 60 Jahre später sind „Postämter" im klassischen Sinn Geschichte – ein Beweis für die rasende technische Entwicklung unserer Welt seit 1945.

Tramwaygeschichten

Von der aufgelassenen Straßenbahn Dornbirn – Lustenau kaufte die Klagenfurter Tramway in den 1930er Jahren eine Reihe von Fahrzeugen, die nach leichten Adaptierungsarbeiten auf dem Klagenfurter Liniennetz eingesetzt wurden. Im Zuge der schrittweisen Einstellung der Linien kamen viele Fahrzeuge später auf Kinderspielplätze und in Kindergärten. Hier sehen wir den ehemaligen Motorwagen 19 im Kindergarten Krastowitz.

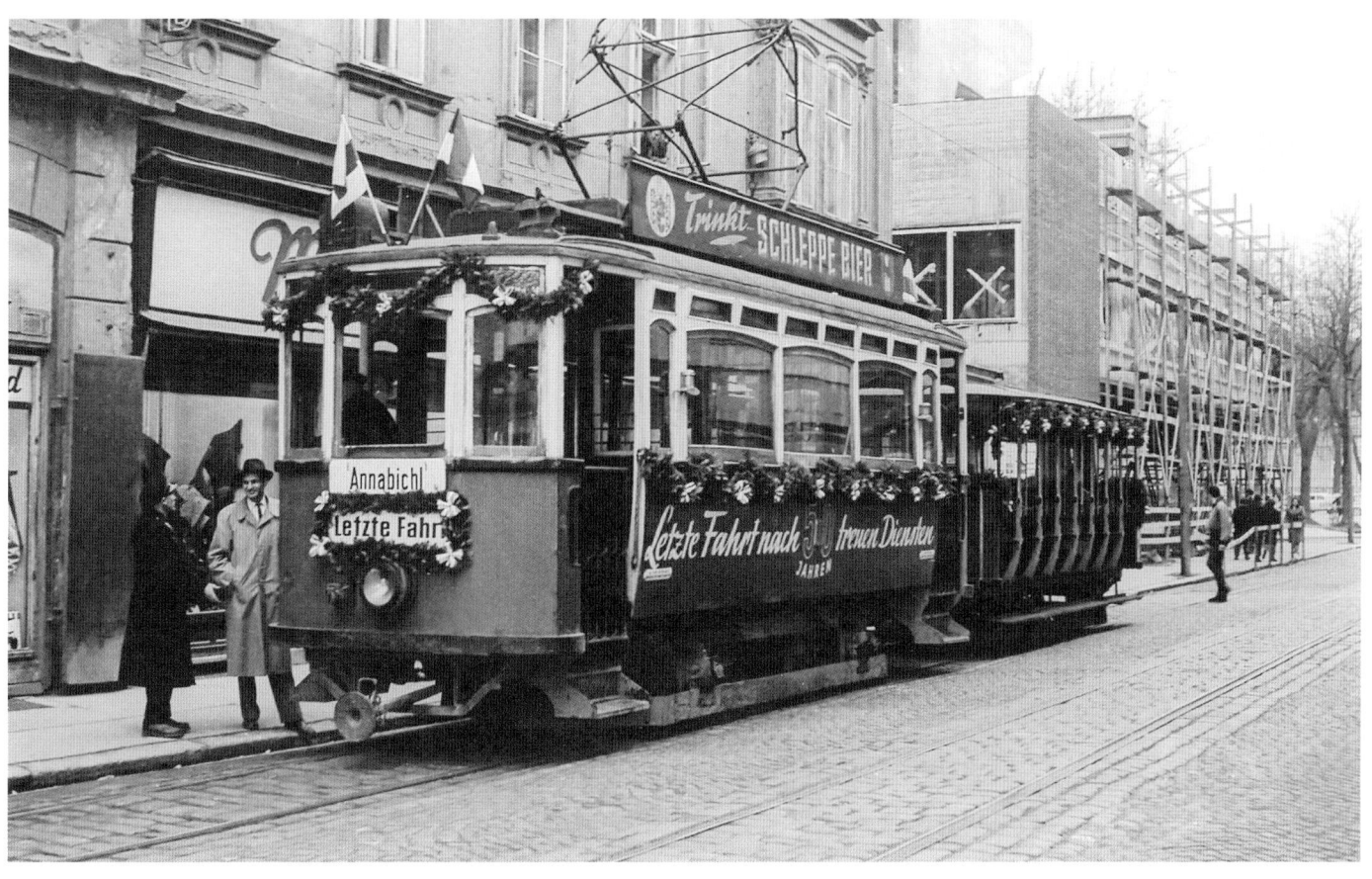

Am 28. Februar 1961 um 14.00 Uhr verkehrte die letzte Tramway vom Hauptbahnhof nach Annabichl.
Die Straßenbahn zum Friedhof musste einem geplanten großzügigen Straßenausbau weichen. Trotz winterlicher
Temperaturen wurde der Abschiedszug mit einem geschlossenen Triebwagen und dem Sommerwagen 109 gefahren,
der früher oft zum Strandbad unterwegs war.

Vor dem Bärenstüberl in der Wiesbadner Straße ist dieser Dreiwagenzug auf dem Weg nach Annabichl. Es muss Allerheiligen und Allerseelen sein, denn nur rund um diese kirchlichen Feiertage fuhren die Züge zum Friedhof mit einem „2. Teil". Die Tafel an der Front sollte den Fahrer eines entgegenkommenden Zugs in den Ausweichstellen auf diesen zweiten Zug aufmerksam machen.

Im Jahr 1905 steht am Heiligengeistplatz zwar noch die alte Halle des Fischmarktes, trotzdem hat die Entwicklung hin zu einem innerstädtischen Verkehrsknotenpunkt schon begonnen. Diese Ansichtskarte ist eine Rarität, zeigt sie doch einen der drei Winterwagen der Pferdetramway. Während im Sommer mit den „Sommerwagen" bis zum See gefahren wurde, wurde im Winter meist nur ein innerstädtischer Verkehr vom Heiligengeistplatz zum Hauptbahnhof angeboten.

175

Triebwagen 10 im Jahr 1958 in der Kurve an der Kreuzung Theatergasse/Ursulinengasse. Hier war einst auch die Abzweigung der Tramway zum Kreuzbergl, doch diese Strecke wurde 1944 durch Bomben zerstört. Das Fahrzeug macht einen etwas heruntergekommenen Eindruck. Die Einstellung der Tramway ist bereits beschlossen und so wurden auch die Erhaltungsarbeiten schrittweise zurückgenommen.

Triebwagen 18, ein Nachkriegs-Wiederaufbau, verlässt die Haltestelle Heuplatz in Richtung Heiligengeistplatz und Bahnhof. Viele der im Krieg beschädigten oder zerstörten Wagen der Klagenfurter Tramway wurden bis 1950 wieder aufgebaut. Sie wurden wegen der markanten Form im Volksmund bald „Würfelwagen" genannt.

Am Heuplatz kreuzen die Wagen 8 und 24. Während Wagen 8 im Jahr 1911 gebaut wurde – und nach dem Krieg als Würfelwagen rekonstruiert wurde –, kam Triebwagen 24 im Jahr 1943 zur Klagenfurter Straßenbahn. Er war einer von vier Neubauwagen, die mitten im Krieg angeschafft wurden, um die gestiegenen Beförderungsleistungen abdecken zu können.

Über die Kreuzung St. Veiter Ring und St. Veiter Straße fährt Triebwagen 5 stadteinwärts. Im Hintergrund der Gasthof Zur Alm, der später wegen Baufälligkeit der Gebäude abgerissen wurde. Danach diente das Gelände einige Jahre als Parkplatz, bevor die Zentrale einer Bank errichtet wurde. Im Gegensatz zu heute ist die Kreuzung noch ungeregelt und nur schwach befahren.

Wagen 23 fährt durch die St. Veiter Straße nahe der heutigen Direktion der Stadtwerke. Man hatte die Straße in den 1930er Jahren mit Pflastersteinen befestigt, die Straßenbahn fuhr zweckmäßigerweise in Mittellage. VW Käfer dominieren den privaten PKW-Verkehr. Wer genau hinschaut, kann nicht weniger als vier Modelle dieses Autos auf dem Bild erkennen.

1959 stand das Ende der Linie nach Annabichl schon fest. Einige junge Straßenbahnfans überredeten die Betriebs-
leitung der Tramway, an einem schönen Sommertag noch einmal mit allen verfügbaren Wagen auf Strecke zu gehen,
um gute Fotomöglichkeiten zu haben. So entstanden damals heute besonders wertvolle Aufnahmen, wie diese vom
TW 17, der nur für Fotozwecke mit „See" betafelt ist. Die Aufnahme entstand nächst der Ehrentalerstraße.

In besseren Zeiten steht der original erhaltene Triebwagen 7 im Planverkehr in der Schleife Annabichl und wartet auf die Rückfahrt zum Hauptbahnhof. Schaffner und Wagenführer sind natürlich korrekt gekleidet; die Uniform eines Straßenbahners war Zeichen der Zugehörigkeit zu einer besonderen Berufsgruppe und verschaffte Respekt und Achtung.

Am Abstellgleis fanden sich viele Klagenfurter Sommerwagen nach 1954. Trotzdem wurden viele nicht verschrottet, weil die Straßenbahner es nicht über das Herz brachten, die liebgewordenen Oldtimer einfach zu zerschneiden. Daher wurden – so wie hier – Kindergärten und Schulen eingeladen, um sich einen der alten Wagen als „Spielgerät" für den Garten auszusuchen. Dieser Aktion verdanken einige Wagen der Klagenfurter Tramway ihr Überleben bis zum heutigen Tag.

1911 war die neue elektrische Straßenbahn die Sensation in Klagenfurt. Vor allem die elektrische Linie zum Wörthersee wurde begeistert aufgenommen, brauchte ein Motorwagen von der Stadt zum See doch nur knapp 10 Minuten, weniger als die Hälfte der Zeit, die ein Pferdebahnzug benötigt hatte. Hier sehen wir einen funkelnagelneuen Triebwagen, betafelt mit dem Liniensignal „S" für See, auf dem Stauderplatz.

Im Ersten Weltkrieg erfüllte die Klagenfurter Straßenbahn auch Transportaufgaben für die Lazarette der Stadt.
So wurden die Sommerwagen mit einfachsten Mitteln so umgebaut, dass man in ihnen Verwundete in zwei Reihen
liegend transportieren konnte. Ziel der Fahrt war meistens die Westschule am Kreuzbergl,
die während des Krieges als großes Lazarett diente.

Aus den ersten Betriebstagen des Jahres 1911 stammt diese Aufnahme. Die Wagen besitzen noch weiße Zielschild-
tafeln, was auf Probebetrieb hindeutet und vor allem die „Fänger" vorne am Fahrzeug. Diese sollten Unfälle verhindern
und lösten bei Berührung – z. B. mit einer Person am Gleis – eine Zwangsbremsung aus. Das System
bewährte sich aber nicht und die Fänger wurden abgebaut.

Die erste Nachkriegszeit war sowohl 1918 als auch 1945 den sogenannten „Hamsterfahrten" auf das Land gewidmet, um Lebensmittel zu bekommen. Auch die Klagenfurter Straßenbahn musste eine große Zahl von Personen befördern und setzte daher auch in der kalten Jahreszeit die Sommerwagen ein. Dabei waren auch Kombinationen wie Motorwagen plus drei Sommerwagen keine Seltenheit.

Triebwagen 5 in den ersten Jahren des elektrischen Betriebs in der Endstelle „See" nächst der heutigen Villa Lido.
Die Straßenbahn endete hier zuerst in einem Stumpfgleis, erst später wurde eine Schleife gebaut, die ein Umsetzen des
Bügels und einen Führerstandswechsel unnötig machte. Die Strecke zum Strandbad entstand dann 1934,
um den vielen Badegästen den Fußmarsch am Metnitzstrand zu ersparen.

1923. In der Schleife am Metnitzstrand steht ein Motorwagen, der mit zwei Sommerwagen Ausflügler und Badegäste von der Stadt an den See gebracht hat. Die Fahrtzeiten der Dampfschiffe und der Tramway waren aufeinander abgestimmt, beste Anschlüsse daher gegeben. Die Sommerwagen besitzen damals noch die großen Vorhänge als Wetterschutz.

Ein Motorwagen der Linie „K", die vom Bahnhof zum Kreuzbergl verkehrte. An sich war die kurze Linie (1,2 Kilometer) zum Fuß des Kreuzbergls nicht wirklich erforderlich. Aber die in dem umgebenden Villenviertel lebenden Klagenfurter Honoratioren wollten auch von den „modernen Zeiten" profitieren und setzten den Bau der Strecke durch. Sie wurde 1944 durch Bomben zerstört.

1912 fährt ein Zweiwagenzug auf der Linie „A" vom Heuplatz in Richtung Hauptbahnhof. Dabei passiert die Tramway auch das imposante Hotel Kaiser von Österreich, das gerade um diese Zeit ausgebaut und modernisiert wurde. Im Zentrum die Florianistatue, links am Bildrand ist überdies wohl eines der ersten Automobile erkennbar, die durch Klagenfurts Straßen gefahren sind.

Vom Hauptbahnhof
zum Neuen Platz

Völlig konträr zur heutigen Zeit war in der k. u. k. Monarchie das Rauchen eine gesellschaftlich akzeptierte Angelegenheit. In allen größeren Städten – so auch in Klagenfurt – entstanden die sogenannten „Tabakfabriken", in denen die beliebten Rauchwaren hergestellt wurden. Auch in der Klagenfurter Tabakfabrik in der Bahnhofstraße fanden viele Klagenfurter Frauen eine Beschäftigung.

154 Klagenfurt, Lindwurmbrunnen

Das Lindwurmdenkmal des Ulrich Vogelsang steht seit Ende des 16. Jahrhunderts am Neuen Platz. Dieser diente zuerst unter anderem als Hinrichtungsstätte und Huldigungsplatz, bis er sich mehr und mehr zu einem innerstädtischen Zentrum, auf dem auch Märkte abgehalten wurden, entwickelte. In den 1920er Jahren befand sich an der Südseite nicht nur der Autobusbahnhof, sondern auch ein Vorverkaufskiosk des Kinos Prechtl.

Aus dem Jahr 1954 dürfte dieses Idyll vom Neuen Platz stammen. Das Kärntner Reisebüro ist bereits in das Gebäude der ehemaligen Stadtwache eingezogen und verkauft offensichtlich Vorverkaufskarten für den Monumentalfilm „Quo Vadis?", der 1954 in die Kärntner Kinos kam. Die wenigen Automobile gehören alle noch in die Zeit vor dem Zweiten Weltkrieg, aber auch ein VW-Käfer ist schon dabei.

Mitarbeiter bei der Bahn oder auch der Straßenbahn zu sein, war in der Monarchie etwas ganz Besonderes. Daher ist es nicht verwunderlich, dass die Bahnbeamten besonders stolz auf ihren Stand waren und sich gerne in Uniform mit Verwandten und Freunden ablichten ließen. Dass Klagenfurt kein Ausbesserungswerk für Lokomotiven erhielt, ist übrigens den Politikern zu verdanken, die keinen Zuzug sozialistisch gesinnter Arbeiter wollten.

Klagenfurt Kärnten, Bahnhof

4070W

Der „neue" Klagenfurter Hauptbahnhof Mitte der 1950er Jahre. Nachdem der alte Bahnhof, der in einem Otto Wagner nachempfundenen Stil errichtet worden war, durch Bomben zerstört wurde, orientierte man sich beim Wiederaufbau eher an einem nüchternen Baustil, der, so Kenner der Materie, eher an die Großbauten aus der NS-Zeit erinnerte als an einen neuen österreichischen Stil.

In der Bahnhofstraße, gleich neben dem Hauptbahnhof, lag über viele Jahrzehnte lang eines der bekanntesten Lokale der Stadt: der Volkskeller. Es gibt wohl kaum einen Klagenfurter, der nicht einmal hier zu Gast war. Entweder während der Bälle, die im darüberliegenden ÖGB-Haus stattfanden, oder zu einem anderen Anlass, der es wert war, dass man hier gut aß und trank.

Weinstube Schellander.

Um 1895 konnte man in der unteren Bahnhofstraße auch noch Lokale wie dieses finden: Die Weinstube Schellander lud vor allem an heißen Sommertagen im schattigen Gastgarten zum Verweilen ein. Derartige Lokale waren ein Zentrum des sozialen Lebens der Stadt und aus dem Straßenbild nicht wegzudenken.

In der Bahnhofstraße, direkt vor der Landesregierung, kreuzen zwei funkelnagelneue Motorwagen der Klagenfurter Tramway. Das Liniensignal „K" zeigt an, dass der Wagen auf das Kreuzbergl unterwegs ist – zum See oder nach Annabichl musste man in den Anfangsjahren der Tramway noch am Heiligengeistplatz umsteigen. Die Bahnhofstraße ist noch nicht gepflastert.

Auch an dieser Stelle, an der Kreuzung der Lidmanskygasse mit der Bahnhofstraße, steht heute wieder die Filiale einer Bäckerei. Keine Dampfbäckerei zwar, aber diese Art des Backens war um 1930 hochmodern. Das Bild kann auf August 1931 datiert werden, da in diesem Monat das auf der Plakatwand erwähnte „Eisenbahnunglück in Leoben" stattfand.

An der Ecke Bahnhofstraße/Fröhlichgasse (die heutige 8.-Mai-Straße) hatte um 1900 Adolf Huth sein Geschäft. Klagenfurt bot – als Zentrum im Süden der Monarchie – beinahe alles, was man damals zum Leben und Sterben brauchte. Einige der Geschäfte wurden sogar zu k. u. k. Hoflieferanten ernannt und durften Kaiser Franz Joseph beliefern, wenn er in der Klagenfurter Burg Aufenthalt nahm.

Wuchtig und dominant stand sie da – die Kärntner Sparkasse in der Bahnhofstraße Ecke Alter Platz. 1872 als
repräsentatives Gebäude geplant und gebaut diente es bis 1944 als Hauptanstalt. Während der Bombenangriffe auf
Klagenfurt wurde das Gebäude dann zerstört, worauf ein „Notbetrieb" im Haus am Neuen Platz eingerichtet wurde,
wo das älteste Kärntner Geldinstitut auch heute noch seinen Sitz hat.

An der Ecke Bahnhofstraße und Mießtalerstraße stand bis nach dem Zweiten Weltkrieg das ansprechende Gebäude der Knabenrealschule. Sie war das Pendant der Mädchenschule, die bei den Ursulinen angesiedelt war. Nach deren Abriss in den späten 1950er Jahren entstand dort ein modernes Geschäfts- und Verwaltungsgebäude. Im Mittelalter befand sich an dieser Stelle übrigens der Friedhof des angrenzenden Bürgerspitals.

1911 fand in Klagenfurt die „Landeshandwerkerausstellung" am Gelände der funkelnagelneuen Westschule statt. Zur Eröffnung, an der auch Erzherzog Karl, der spätere letzte Kaiser Österreichs, teilnahm, gab es einen großen Trachtenumzug, zu dem die Teilnehmer mit der neuen Straßenbahnlinie zum Kreuzbergl anreisten. Hier einer dieser Straßenbahnzüge in der Burggasse.

Klagenfurt. — Burggasse.

Ländliche Idylle herrschte in Klagenfurt in den Zeiten vor dem Automobil. Das vermittelt diese Postkarte, welche die Kreuzung der Burggasse mit der Kaserngasse, der heutigen Karfreitstraße, zeigt. Radfahrer und Fußgänger beherrschen das Bild, es gibt auch noch keine Straßenbahn. Man kann daher vermuten, dass die Ansichtskarte vor 1891 aufgelegt wurde.

Klagenfurt - Kaffee Burggarten

Der Burggarten, eine innerstädtische Grünoase an der Domgasse, gehört zu jenen Grünflächen der Stadt, die „über Nacht" verschwanden. Gerade saß man noch bei einem kühlen Bier unter alten Kastanienbäumen, im nächsten Moment rollten schon die Bagger, um die Fläche für den Bau einer Bank zu roden. So sind einige dieser Stadtgärten, um die man uns heute beneiden würde, unwiederbringlich verloren gegangen.

Das Café Schiberth gehörte viele Jahre lang zu den besten Konditoreien am Platz. Gustav Mahler, der in Maiernigg ein Sommerhaus besaß, berichtet in seinen Tagebüchern, dass er, von Wien kommend, erst „beim Schiberth" auf eine Melange und die aktuellsten Zeitungen ging, bevor er sich mit einem Ruderboot nach Maiernigg bringen ließ. Das Café befand sich in der Paradeisergasse Ecke Bahnhofstraße.

KLAGENFURT Hauptbahnhof

Prächtig und repräsentativ war er, der Klagenfurter Hauptbahnhof, der 1907 neu errichtet wurde und damit ein weit weniger großartiges Bauwerk ersetzte. Die k. u. k. Südbahngesellschaft legte nicht nur Wert auf gute und schnelle Zugverbindungen, auch die architektonische Gestaltung der Bahnhofbauten war ihr ein Anliegen. Noch heute sind viele alte Bahnhöfe ob ihres Aussehens leicht dieser Gesellschaft zuzuordnen.

Die Bahnhofstraße beim Hauptbahnhof im Jahr 1892. Ein Wagen der Pferdetramway hat sich gerade auf den Weg zum Heiligengeistplatz und weiter zum See gemacht. Der Hauptbahnhof lag damals in der selbständigen Stadt St. Ruprecht, da die Klagenfurter Stadtväter des Jahres 1864 die Eisenbahn so weit wie möglich von der Stadt fernhalten wollten.

Emil Spitra brachte es mit seinem Delikatessengeschäft in der Bahnhofstraße nicht nur bis zum k. u. k. Hoflieferenten, sondern auch zu großem Wohlstand. Bei Spitra konnte man in der Monarchie die ausgefallensten Köstlichkeiten kaufen, vom russischen Kaviar bis zum norwegischen Lachs. Das Bild zeigt das erste Geschäftslokal, schon bald darauf konnte Emil Spitra ein neues Gebäude errichten, das bis zum heutigen Tag besteht.

Ein Triebwagen der Tramway auf Probefahrt in der Kurve von der Bahnhofstraße in die Burggasse, auch genannt „Grüner-Eck". Das heute noch an der Stelle befindliche Textilgeschäft blickt auf eine lange Unternehmertradition zurück. Aber auch auf 27 Unfälle, bei denen Fahrzeuge in einem der Schaufenster des Geschäfts landeten. Die Kreuzung war so berüchtigt, dass hier in den 1950er Jahren die erste Lichtsignalanlage Klagenfurts aufgestellt wurde.

Vom Heiligengeistplatz
zum Kreuzbergl

Für die Kinder der 1960er und 70er Jahre war er das Highlight: der „hölzerne Lindwurm" im Landhauspark. Der offensichtlich aus einem Baumstamm gestaltete Drache beeindruckte die Kinder jener Tage – und man fürchtete sich wohl auch ein bisserl vor ihm. Im Zuge der Neugestaltung zum „Kiki Kogelnik-Park" wurde die Skulptur weggebracht und steht heute dem Vernehmen nach in einem Park im Süden der Stadt.

Das klassische „Rondeau" am Heiligengeistplatz, erbaut in den 1950er Jahren. Es besaß alles, was man von einem Gebäude an einem Busbahnhof erwartet: ein Buffet, eine Trafik, WC-Anlagen und sogar im Winter beheizte Unterstände. Nur die Fahrdienstleiterkanzel am Dach bewährte sich nicht: Dort wurde es im Sommer bis zu 50 Grad warm.

Die Radetzkystraße vor 1911, noch ohne Straßenbahn. Benannt wurde diese Allee, die auch heute noch bis zum Fuß des Kreuzbergls führt, nach Feldmarschall Radetzky, einem treuen Soldaten der österreichischen Kaiser. Er stand 72 Jahre im Dienst der Armee und ging erst mit 90 Jahren in den Ruhestand. Kaiser Franz Joseph wollte ihn in der Kapuzinergruft bestatten, doch Radetzky hatte – aus dauernder Geldnot – sein Begräbnis schon zu Lebzeiten anderweitig verkauft.

In den 1930er Jahren entstand diese Aufnahme vom Turm der Stadtpfarrkirche aus. Die gerade Linie zur Kreuz-
bergl-Kirche war gewollt, sie sollte die Klagenfurter immer an die Macht des Glaubens erinnern. Gut erkennbar die
Straßenbahn und das Westschulgebäude, das nicht nur als Schulhaus, sondern auch als Lazarett und Gefängnis diente.
Die Sternwarte gibt es noch nicht; der Aussichtsturm steht noch.

1944 wurde an Stelle der von Bomben zerstörten Tramway eine Obuslinie vom Kreuzbergl durch die Innenstadt bis St. Peter in Betrieb genommen. Die Fahrzeuge hatten nur „Kriegsqualität", waren also sehr störanfällig und unbequem. Von allen Fahrzeugen hat nur der hier abgebildete Obus bis heute überlebt. Er wird 2018 im HISTORAMA in Ferlach wieder betriebsbereit aufgearbeitet.

Das „Jubiläumsstadttheater", ein Bauwerk der Architekten Fellner & Helmer, entstand 1908 bis 1910 aus Anlass des Thronjubiläums des Kaisers. Die beiden Architekten waren die führenden Theaterbauer der Monarchie und sehr geschäftstüchtig. Den Plan des Klagenfurter Theaters verkauften sie insgesamt dreimal. Denn auch in Gießen und in Gablonz (Deutschland) stehen baugleiche Gebäude.

Eine rare private Glasplattenaufnahme zeigt den Abbruch des alten Theaters im Jahr 1910. Rechts im Hintergrund kann man schon den Neubau des Jubiläumsstadttheaters erkennen, während vorne noch mit primitiven Mitteln das alte Theater abgerissen wird. Auch dieses war schon ein Sparten- und Ensembletheater gewesen, eine Tradition, die man ins neue Haus mitgenommen hat.

Beim Stadttheater in den späten 1950er Jahren. In der Radetzkystraße nahe dem Theaterplatz fährt ein Obus in Richtung Heiligengeistplatz. Es gibt auf der linken Seite noch keine Parkplätze, dafür viel Grün und die in Klagenfurt üblichen großzügigen Blumenbeete.

Die obere Radetzkystraße nahe dem Kreuzbergl im Jahr 1900. Man erkennt sehr schön, dass damals alle wichtigen Straßen der Stadt als Allee ausgeführt waren. Die schattenspendenden Bäume waren vor allem im Sommer für die Menschen wichtig; viele Wege wurden zu Fuß erledigt und das wäre in der Sommerhitze sicher kein Vergnügen gewesen.

Im Landhauspark nächst der Sternallee (der heutigen Wiesbadener Straße) steht der Fotograf dieser Aufnahme. Er blickt auf den Heiligengeistplatz, auf dem zwei Sommerwagen der Pferdetramway auf ihre Fahrgäste warten. Das Café Central an der Ecke gibt es leider nicht mehr; das Haus wurde mehrmals umgebaut und beherbergt heute ein Fotogeschäft.

Der Heiligengeistplatz verfügte zuerst über keine eigene Wartehalle für die Straßenbahn. Das hölzerne Gebäude des Fischmarktes konnte dafür nicht verwendet werden; als es abgetragen wurde, entstand ein keines Wartegebäude im Stil der 1920er Jahre. Selbstverständlich wurden die Bäume am Platz nicht als störend gefällt, sondern gepflegt, sie fügten sich perfekt in das Ensemble ein.

Mit dem Westschulgebäude nahe dem Kreuzbergl sollte dem Bedarf an mehr Raum für Schulen in der Stadt entgegengekommen werden. Das Gebäude wurde 1911 erst als Ausstellungsgebäude für die „Landeshandwerkerausstellung" verwendet (dazu gibt es im Klagenfurter Kinomuseum den „ältesten Film aus Klagenfurt" zu sehen), danach wurde es Schulgebäude. In den Kriegen diente es als Lazarett.

Der alte Theaterplatz mit dem alten Theater auf der rechten Seite. Im Hintergrund das Kleinmayrsche Palais, in dem über viele Jahrzehnte lang die Kleine Zeitung redigiert und gedruckt wurde. Die Familie Kleinmayr zählte zu den großen Klagenfurter Druckern, Verlegern und Buchhändlern, deren fast 300jähriges Wirken uns heute viele Belege zu „Alten Ansichten" liefert.

Fast unglaublich, wie ländlich es am Fuß des Kreuzbergls noch 1899 ausgesehen hat. Der Weg, auf dem die Bäuerin stadteinwärts geht, liegt ungefähr an der Stelle der heutigen Henselstraße. Auf der anderen Seite, dem See zu, gab es schon mehr Häuser. Die Gegend entwickelte sich zu dieser Zeit zu einer teuren und beliebten Wohngegend. Die Preise für Grundstücke zogen um 1900 extrem an.

Obwohl sich einige wohlhabende Klagenfurter Grundstücke südlich der Radetzkystraße am Fuße des Kreuzbergl leisten konnten, blieb die Gegend noch länger sehr ländlich. Die Kinkstraße allerdings gibt es schon; benannt nach Ritter von Kink, dem Stadtbaumeister, der 1856 aus Anlass des Kaiserbesuchs die Freizeitanlagen am Kreuzbergl geschaffen hat.

Das Schweizerhaus am Kreuzbergl wurde als Restaurant extra für den Besuch von Kaiser Franz Joseph und Kaiserin Elisabeth 1856 erbaut. Das Kaiserpaar sollte dort nach der Eröffnung des Elisabethsteges ein Mittagessen einnehmen. Extremes Schlechtwetter verhinderte dies und die Quellen berichten, dass ein untröstlicher Wirt auf dem Essen für die Majestäten sitzenblieb.

Klagenfurt, Totale vom Kreuzbergl.

Die Wanderwege am Kreuzbergl mit den vielen Aussichtspunkten wurden 1856 von Ritter von Kink angelegt.
Daraufhin entwickelte sich das Kreuzbergl zu einem beliebten Ausflugsgebiet. Im Sommer schätzte man die schatten-
spendenden Bäume entlang der Spazierwege, im Winter konnte man auf den Teichen Schlittschuhlaufen.
Die heutige „Spielwiese" wurde aber noch lange als Exerzierplatz für das Militär verwendet.

Blick vom Kreuzbergl in Richtung Innenstadt. Der Fotograf steht hinter dem Gasthof Einsiedler, der in der Zwischenzeit auch schon abgerissen wurde. Man beachte die vielen Alleebäume, die von diesem Standort aus erkennbar sind. Klagenfurt war zu dieser Zeit wirklich eine „grüne Oase".

Klagenfurt vom Karawankenblick

2501

Eine kleine Rast am „Karawankenblick" des Kreuzbergls. Dieser Ort bot eine wunderschöne Übersicht über die wachsende Stadt. Um sich zurechtzufinden: Genau vor der links sitzenden Person erkennt man den Rohbau des Priesterhauses in der Tarviser Straße. Die im Vordergrund erkennbare Straße durch die Felder ist die heutige Rizzistraße.

Ein rarer Blick vom Aussichtsturm des Kreuzbergls, der heute die Sternwarte trägt, in Richtung Stadtpfarrturm und innere Stadt. Auch hier erkennt man wieder sehr schön, wie unverbaut das Kreuzbergl um 1895 war. Es gibt weder das Sanatorium Maria Hilf noch die Westschule, beide Gebäude wurden erst ca. 15 Jahre später erbaut.

Von Maria Loretto
zum Schrotturm

Damals wie heute ist der Friedelsteg (heute Friedelstrand) ein beliebter Spazierweg von Klagenfurt See in Richtung Schrottenburg und Krumpendorf. Ursprünglich war der am Bild zu sehende Teil am Fuße des Turms ein hölzerner Steg, daher auch der Name „Friedelsteg". Mit der Tram zum See und zu Fuß auf ein kühles Bier im Restaurant Schrottenburg war für viele Klagenfurter sonntags Pflicht.

2004

Wörthersee. Friedlsteg mit Hochobir

Ein prächtiges Bild: die Sommerhäuser am Friedelsteg mit dem Strandbad und dem Hochobir im Hintergrund. Mit dem Verkauf der Seeparzellen zum Bau der heute noch sehr beliebten hölzernen „Badehäuser" versuchte die Stadt Klagenfurt etwas Geld in die klammen Kassen zu spülen. Die Idee wurde begeistert aufgenommen und die Parzellen waren sehr schnell vergriffen.

Auch der Rudersport hat am Wörthersee lange Tradition. Traditionsträger sind die Rudervereine Albatros und Nautilus, deren Bootshäuser sich am Nordufer, nahe der heutigen Schiffswerft, befinden. Schon in der Monarchie gab es regelmäßig Regatten und Wettfahrten am See. Bei einem der Rudervereine Mitglied zu sein war und ist etwas ganz Besonderes.

Die „Strandpartie", der heutige Metnitzstrand, im Jahr 1935. Schon damals bemühte man sich, diesen Teil der Ostbucht ansprechend zu gestalten, um den Klagenfurtern ein wohl einmaliges Erholungsgebiet zu gönnen. Selbst die Straßenbahn war durch eine Allee von Bäumen vom Strand abgeschirmt. Nicht so streng war man mit den Parkmöglichkeiten: Man konnte damals mit dem Auto fast bis vor die Dampferanlegestelle fahren.

Die Gestaltung des Ufers am Metnitzstrand wechselte über die Jahre immer wieder. Anfang der 1930er Jahre war es zum Beispiel mit großen Betonplatten befestigt und hatte eine markantere Form. Die Aufnahme muss sehr früh im Jahr gemacht worden sein, da die Bäume noch keine Blätter haben. Auch die Temperatur dürfte mäßig gewesen sein; der Eisverkäufer im Hintergrund scheint nicht viel Geschäft zu machen.

KLAGENFURT
Militärschwimmschule

Eine alte Aufnahme – wahrscheinlich aus den 1880er Jahren – zeigt einen Zug der Südbahn, der im Begriff ist, in der Haltestelle „Klagenfurt See" stehenzubleiben. Hinter dem Baum erkennt man die Militärschwimmschule, die nur über einen Feldweg erreichbar scheint. Die Ostbucht ist noch wild und ursprünglich. Auch das Hotel Wörthersee, welches später ungefähr hinter der Bahnhaltestelle gebaut werden sollte, existiert noch nicht.

4016-WÖRTHERSEE-SCHWIMMSCHULE-

Ein Blick auf den Metnitzstrand vom Süden her. Das Hotel Wörthersee ist schon in Betrieb, aber viele Bauten, die wir heute in dieser Gegend als bekannt annehmen, existieren noch nicht. Die heutige Promenade ist noch ein kleiner Wiesenweg, nur die Dampferanlegestelle ist schon errichtet worden. Davor der große Schlammbagger, mit dem man bis in die 1970er Jahre den Bereich des Klagenfurter Strandbads vor der Verlandung bewahrte.

Eine klassische Amateuraufnahme vom Hang hinter dem Hotel Wörthersee über die Ostbucht. Wir schreiben das Jahr 1915, es herrscht also schon Krieg. Die Ostbucht ist noch wildes und ursprüngliches Land, keine Rede von einem Europapark, einem Campingplatz oder einem Strandbad. Dieses Foto könnte heute so nicht mehr gemacht werden, da am Standort des Fotografen heute die Autobahn verläuft.

Ein faszinierender Blick auf das Strandbad und den Plattenwirt aus der Zeit um 1932. Man kann anhand dieser Aufnahme sehr gut feststellen, wie massiv sich diese Gegend in den letzten 80 Jahren verändert hat. Der Weg im Vordergrund ist die damalige Zufahrt zum Schloss Freyenthurn. Die Straßenbahn und die Villacher Straße verlaufen hingegen hinter dem Plattenwirt, den Bäumen entlang.

Schwimmende Aeroplane waren in der Monarchie die Sensation. Und der Wörthersee bot damals genügend Platz, um diese modernsten technischen Errungenschaften ausgiebig zu testen. Daher auch die Testflüge mit dieser Maschine von der Ostbucht aus; die Flugkapitäne jener Tage waren extrem mutige Männer, Unfälle an der Tagesordnung.

Die Sensation im Klagenfurter Strandbad war die große Wasserrutsche, auf der man offensichtlich auf einer Art Bob steil hinunter ins Wasser rutschen konnte. Zeitzeugen berichten von eigenen „Weitrutschwettbewerben", die auf dieser relativ einfachen Anlage durchgeführt wurden. Heute wäre eine solche Rutsche wahrscheinlich nur unter vielen behördlichen Auflagen möglich.

Auch die Halbinsel Maria Loretto sah vor 100 Jahren ganz anders aus. Nachdem das Schloss und die umliegenden Gebäude nach einem großen Feuer mehr oder weniger verfielen, präsentierte sich die Gegend um 1890 sehr ursprünglich und einfach. Zwar vermieteten die Grafen das Schloss als Sommersitz an betuchte Personen, trotzdem dürfte schon die Anreise über rumpelige Feldwege spannend gewesen sein.

Eines der markantesten Bauwerke in der Ostbucht, das vor allem noch den älteren Klagenfurtern in Erinnerung ist,
war das Café Lindner nächst der heutigen Schiffswerft. Das Gebäude, das in den 1960er Jahren noch in diversen
Wörtherseefilmen zu sehen war, verfiel immer mehr und wurde schlussendlich nur noch
durch einige rostige Nägel und Farbe zusammengehalten.

Die traurigen Reste der Militärschwimmschule, die in den späten 1920er Jahren einem Feuer zum Opfer fiel, hat der Fotograf hier vom Hotel Wörthersee aus aufgenommen. Böse Zungen behaupten ja noch heute, „man" wollte sich durch das Feuer der Konkurrenz zum neuen Strandbad entledigen. Jedenfalls wurde das Bad nicht mehr aufgebaut und die Fläche für die Schifffahrt verwendet.

Loretto am Wörthersee. Winterbild.

Um 1900 war es selbstverständlich, dass der Wörthersee spätestens im Anfang Jänner zugefroren war. Und dann war Maria Loretto am Eingang zum Lendkanal ein wichtiger Treffpunkt für alle eislaufbegeisterten Klagenfurter. Regelmäßig fanden auf der Eisfläche vor dem Schloss auch Wettrennen und sogar Eistanzbewerbe statt.

Juli 1931 – LZ 127, „Graf Zeppelin" von Wien kommend über dem Wörthersee. Das Luftschiff war 269 Meter lang und flog in geringer Höhe, meist nicht mehr als 500 Meter. Daher muss der Eindruck, den das Luftschiff auf die Ruderer im Boot machte, schon gewaltig gewesen sein. Diese „Österreichfahrten" der Zeppeline waren Teil der politischen Propaganda jener Jahre. Kommandant dieser Fahrt war Dr. Eckener, die rechte Hand des Grafen Zeppelin.

Wir schreiben 1889, als diese Aufnahme des Schrotturms gemacht wurde. Rechter Hand die Straße zur Zillhöhe. An Stelle des Wegkreuzes steht heute ein Marterl. Die Villacher Straße ist ein unbefestigter Weg, der zu jener Zeit nur von Pferdefuhrwerken befahren wurde.

Volles Haus im Café-Restaurant Schrottenburg. Dieses weithin bekannte Ausflugslokal erfreute sich bei den Klagenfurtern großer Beliebtheit, konnte es doch mit Straßenbahn und kurzem Fußmarsch leicht erreicht werden. Der Niedergang erfolgte erst in den 1970er Jahren, als man begann, mit dem eigenen PKW anzureisen und der Mangel an Parkplätzen das Lokal mehr und mehr in Schwierigkeiten brachte.

Eis-Schnelllauf-Wettbewerbe vor der Klagenfurter Militärschwimmschule. Der Eislaufverein Wörthersee als Veranstalter
machte sich damals einen Namen mit einer der größten Natureisbahnen, die Mitteleuropa zu bieten hatte.
Die Ausrichtung der Bewerbe war problemlos, da man fast immer mit dem Zufrieren des Sees rechnen konnte.